CALLWEY

CLASSIC COCKTAILS

CIHAN ANADOLOGLU

CLASSIC COCKTAILS

REZEPTE & TECHNIKEN

für die besten Drinks

CIHAN ANADOLOGLU

FOTOS VON DANIEL ESSWEIN

CALLWEY

Inhalt

Vorwort

Die Kunst und die Zukunft der Barkultur aufzuzeigen, das war das Ziel unserer »Bar Bibel«, die 2017 erschienen ist. Es hat mir große Freude bereitet, Recherchen, Rezepturen und Kunst in diese Veröffentlichung einfließen zu lassen und Ihnen einen Überblick über klassische Cocktails ebenso wie über meine Kreationen zu geben, die einige neue Trends der Barkultur aufgegriffen haben.

Lag der Schwerpunkt der »Bar Bibel« noch auf den Eigenkreationen, so beleuchtet dieses Buch nun speziell die klassischen Cocktails, die jeder Bartender beherrschen muss, und zwar jederzeit. Cocktails, an denen niemand vorbeikommt und die als Basis aller weiteren Erfindungen gelten. Daher machte ich mich daran, die wichtigsten auszusuchen und mit dem Fotografen Daniel Esswein gemeinsam zu shooten.

Dass der Gin nicht nur ein Trend ist, wissen wir mittlerweile – er hat sich in die Seele der Gäste eingebrannt, ist weiterhin in jeder Bar die meistverkaufte Spirituose und wird auch immer gern zu Hause getrunken. Nicht umsonst ist eines meiner Lieblingsgetränke der Gin & Tonic. Aber auch dieser Drink kann variiert werden, weshalb ich ein etwas umfassenderes Kapitel über Gin geschrieben habe. Ja, ich mag alle anderen Spirituosen genauso gerne ... Cognac zum Beispiel zählt zu meinen Favoriten – für mich die am meisten unterschätzte Spirituose überhaupt.

Ich liebe den Beruf des Bartenders nicht nur deshalb, weil ich jeden Abend Gäste bewirte und glücklich nach Hause oder in eine andere Bar schicke. Nein, es fasziniert mich ebenso, was alles dahintersteckt und wie lange schon: Alkohol, Destillation, Cocktails aus dem 19. Jahrhundert, wie und warum sie so gemixt wurden und werden; oder die Frage, wie der Beruf des Bartenders früher war und heutzutage ist. Ich finde es schade, dass viele gute Bartender die klassischen Cocktails vergessen (haben). Das ist so, als ob ein exzellenter Koch keine anständige Sauce béarnaise oder keine klassischen Gerichte zubereiten kann, die doch jeder Koch beherrschen sollte. Gleiches gilt für uns Bartender: Wer die Cocktail-Klassiker nicht kennt oder nicht zubereiten kann, wird die Kunst des Bartendings niemals vollständig erlernen oder verstehen.

Wer gerne den einen oder anderen Cocktail zu Hause zubereiten möchte, kann auf den kunstvollen Bildern sehr schön erkennen, wie die Cocktails auszusehen haben bzw. in welche Richtung es gehen sollte.

Ich freue mich auf dieses zweite Bar-Buch mit dem Callwey Verlag und wünsche Ihnen allen viel Spaß beim Lesen und Zubereiten.

MUCH LOVE
Cihan Anadologlu

Die Geschichte des Cocktails

1803 kam das Wort »Cocktail« zum ersten Mal in der Zeitung *Farmer's Cabinet* vor. Drei Jahre später wurde im *Balance & Columbian Repository* beschrieben, dass der sogenannte »Bittered Sling« der Name eines Cocktails sei. Als Antwort auf einen Leserbrief schrieb Harry Croswell die Definition des Wortes nieder: »Cock Tail then, is a stimulating liquor, composed of spirits of any kind, sugar, water and bitters, it is vulgary called a bittered sling.«

Nun, es gibt viele weitere Geschichten, die sich um das Wort »Cocktail« und den Ort seiner Entstehung ranken ...

Sie kennen sicher die Hahnenkampf-Variante? Einwanderer aus Mexiko und Südamerika haben ihre Hähne kämpfen lassen, den Hahnenschwanz des unterlegenen Hahnes dem Gewinner gewidmet und dabei den Sieger mit »on the Cock's Tail« gerühmt und dabei getrunken. Könnte gut möglich sein, dass auch das Wort »Cocktail« hierbei eine Rolle gespielt haben kann – ist aber eher unwahrscheinlich.

Auch das französische Wort »coquetier« soll in die Geschichte des Cocktails involviert sein: Aus einem »coquetier« (dt. »Eierbecher«) hat man früher seinen Drink getrunken.

Um es kurz zu halten: Keiner kann wirklich behaupten zu wissen, wo der Cocktail seinen Ursprung hat. Doch steht seit den neuesten Recherchen und Gesprächen mit Historikern fest: Cocktails haben ursprünglich etwas mit Pferden zu tun.

Um die Gesundheit eines Pferdes festzustellen, steckte man früher dem Pferd einen mit Ingwer eingeriebenen Stock in den After. Sofort öffnete der Gaul das Maul und die Zähne traten hervor, sodass er vor einem Verkauf begutachtet werden konnte. »On the Cock's Tail« wurde darauf getrunken, wenn der Handel zustande kam und gebührend gefeiert wurde. Dies ist die letzte, wichtigste und wahrscheinlich eheste Version des Ursprungs des Begriffs »Cocktail«, den Historiker noch vor allen anderen Theorien bewiesen haben.

Der Cocktail ist per definitionem eigentlich eine Untergruppe der Misch- und Mixgetränke – so wie Juleps, Slings und Toddies. Leider verbindet man damit bis heute einen Oberbegriff für alle Mischgetränke.

Als der Cocktail Mitte des 19. Jahrhunderts weltweit bekannt wurde, bekam der Beruf des Bartenders immer mehr Beachtung und wurde durch geschicktes Entertainment auch lukrativ. Immer mehr Leute fingen an, »Cocktails« zu trinken, die ursprünglich als morgendliche Medizin vorgesehen waren.

In den letzten 15 Jahren des 19. Jahrhunderts wurde die Bar ein Treffpunkt für alle. Das Wort »Bar« leitet sich übrigens von »Barriere« ab, die den Bartender vom Gast trennen sollte. Ein Mindestalter für das Trinken gab es damals nicht, wer über die Barriere schauen konnte, durfte trinken. Frauen war es nicht erlaubt, die »Bar« zu betreten – sie wurden nur zum Zweck der »Unterhaltung« zugelassen.

Einer der bekanntesten Bartender zu seiner Zeit und Autor des ersten Cocktail-Buches war Jerry Thomas. Sein Klassiker *How to Mix Drinks – The Bonvivant's Companion* erschien im Jahre 1862. Er verdeutlichte hier die verschiedenen Getränkekategorien und ebenso die Gruppe des Cocktails. Nun fingen immer mehr Bartender an, Cocktail-Bücher zu schreiben, die in der heutigen Zeit sehr schwer auffindbar sind, aber

Der erste bekannte Cocktail war ein Gemisch aus Gerste, Weinsäure, Honig und Apfelsaft, das in einem ca. 5000 Jahre alten Tongefäß am Ufer des Tigris zwischen Iran und Irak gefunden wurde.

Um 1930 gab es eine ausgesprochen etablierte Barkultur in Deutschland wie hier auf dem Passagierdampfer Hamburg.

die Grundlage unseres Berufes darlegen. Dies war der Grundstein der Cocktail-Geschichte.

Mit der Destillierung mehrerer Spirituosen und Exporten von Alkoholika in alle Welt wurden die Klassiker erfunden und gemixt. Die Rezepturen von damals sind nicht wirklich genießbar, und die Mengenangaben mussten erst recherchiert werden, um den Cocktail an sich zu verstehen. Nun, ab Beginn des 20. Jahrhunderts, wurde der Cocktail immer populärer, und immer mehr Menschen tranken ihn.

Dies führte von 1919 bis 1933 zur Prohibition. Das 14 Jahre währende Alkoholverbot veränderte die Cocktail- und Barkultur grundlegend. Sogenannte Speakeasy Bars etablierten sich überall in den USA, genossen sie doch den Ruf, geheim zu sein und nicht jedem Eintritt zu gewähren. Die bekanntesten waren der 21 Club in Manhattan sowie der Green Mile Club in Chicago. Ebenso kamen die sogenannten Bootlegged Cocktails auf, die in Flachmännern unter der Kleidung getragen wurden. Geheime Destillerien verdienten sich eine goldene Nase damit, Alkohol herzustellen, wurden immer wieder von der Polizei »ausgehoben«, und der Alkohol wurde vernichtet. Eine Legende in der damaligen Szene war Al Capone, der durch den Schmuggel von Alkohol reich wurde. 1933 endete die Prohibition, und Franklin D. Roosevelt – der damalige Präsident der USA – war der Erste, der mit einem Cocktail darauf anstieß.

In dieser Zeit wurde in Europa natürlich weiterhin Alkohol konsumiert, und viele bekannte Bartender erfanden weitere Klassiker. Einer der renommiertesten Barmänner war Frank Meier aus dem Ritz Hotel in Paris mit seinem Buchklassiker *The Artistry of Mixing Drinks*.

Nun war auch die Geburtsstunde der Tiki-Cocktails gekommen. Gerade wie Zombi oder Mai Tai hielten den Siegeszug in die Bars, und alte Klassiker gerieten in Vergessenheit. Diese Zeit war bekannt als die Zeit der bunten Säfte und likörhaltigen Cocktails. Es wurden nicht mehr Cocktails und Drinks getrunken, die einen Mengeninhalt von 6 bis 8 cl hatten und aus Spirituosen bestanden. Stattdessen hielten verrückte Namen wie Ladykiller, Blue Lagoon usw. Einzug in die Cocktail- und Barkarten der damaligen Zeit.

Erst im 21. Jahrhundert fand die Renaissance der Cocktails statt, und Bartender aus New York und London gruben die »verlorenen« Rezepte wieder aus. Auch in Deutschland trug man einen großen Teil dazu bei, die Barkultur zu fördern und eine andere Richtung einzuschlagen.

Das Ergebnis ist bekannt, nicht nur Spirituosenunternehmen haben den Trend erkannt und vergessene Alkoholika wieder auf den Markt gebracht, auch Bartender haben die Rezepte aus den alten Büchern neu aufgesetzt und teilweise weiterentwickelt.

> *»Viele Cocktails und deren geschichtliche Hintergünde zu kennen ist unglaublich wichtig und für einen Bartender nur von Vorteil.«*
>
> *Cihan Anadologlu*

Immer mehr Küchengeräte sind mittlerweile Teil der Barkultur, und selbst die Medizintechnik bleibt nicht verschont. Infusionen, Essenzen, sogar destillierte Spirituosen sowie Bitters und hochwertige Liköre sind nur einige der Materialien, mit denen Bartender heutzutage arbeiten.

Sous-vide-Geräte, die vorwiegend in der Küche benutzt werden, gehören mittlerweile zur Grundausstattung jeder professionellen Cocktailbar. Auch frische Säfte, hochwertige Spirituosen und Liköre sind Teil der Grundausstattung. Diese und viele andere Stoffe mixen die Bartender bis zur Perfektion; und damit sind Eigenkreationen ebenso wie die klassischen Rezepte in aller Munde – und mit ihnen auch ihre Erfinder.

»Ein guter Bartender sollte sich in erster Linie immer darum bemühen, seine Gäste zufriedenzustellen, indem er auf ihre Wünsche eingeht. Wenn er bisher noch nicht ausreichend viel gelernt hat, sollte er höflichst und zuvorkommend fragen, wie die Gäste gern ihre Getränke serviert bekommen möchten. Auf diese Weise wird er beliebt werden und zu Erfolg kommen.«

Jerry Thomas

Ein typischer Baralltag in Harry's Bar in Venedig um 1948/ 50. An Orten wie diesem wurden heutige Klassiker kreiiert und für die Gäste gemixt.

Cocktails, Longdrinks & Spirituosen

AROUND THE CLOCK

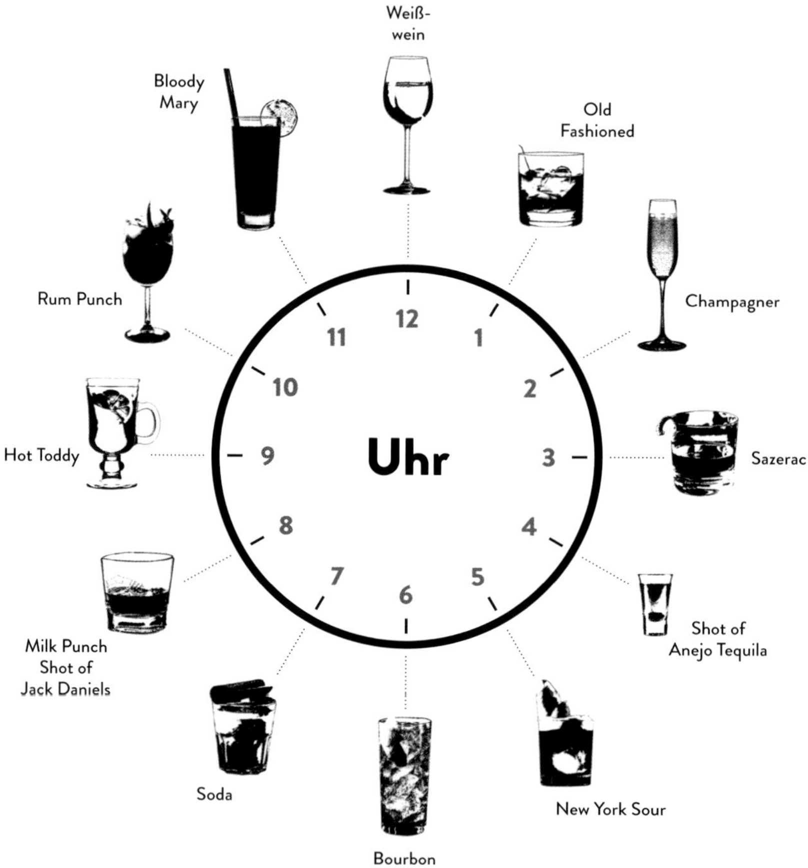

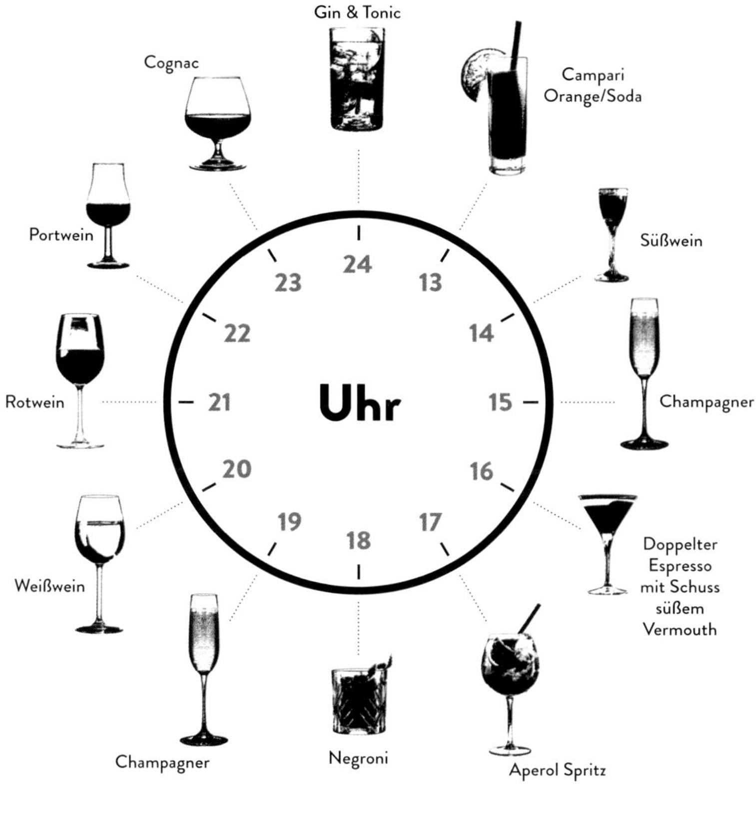
Gin & Tonic
Campari
Orange/Soda
Süßwein
Champagner
Doppelter
Espresso
mit Schuss
süßem
Vermouth
Aperol Spritz
Negroni
Champagner
Weißwein
Rotwein
Portwein
Cognac
Uhr
24
13
14
15
16
17
18
19
20
21
22
23

Gläser-Guide

Die Wahl der passenden Gläser zu den Getränken ist essenziell. Man muss nun aber nicht gleich losziehen und Unmengen an Gläsern in allen möglichen Formen für die verschiedensten Cocktails kaufen und horten.

Das, was heutzutage in einer modernen Cocktailbar an Gläsern verwendet wird, hat jeder Glashandel oder Haushaltswarenladen im Sortiment – auch Marmeladengläser, Teetassen, sogar Untertassen und andere coole Utensilien. Womöglich findet sich ja direkt zu Hause etwas Passendes? Vielleicht auch bei den Großeltern? Dort gibt es sicherlich ein paar tolle Schätze zu entdecken, wenn man lange genug sucht und nachfragt.

Mein Lieblingsladen für Gläser ist das Sokichi in Tokio. Wer mal nach Tokio kommt, sollte unbedingt einen Abstecher in diesen etwas abgelegenen Shop oder in die Kappabashi Street machen, wo man Unmengen an Gläsern und anderen Haushaltswaren für den persönlichen wie professionellen Bedarf findet. Mit Verhandeln schaut es aber schlecht aus: Wir sind dort nicht auf dem Basar. Alle Preise sind Fixpreise – egal, wie viel man kaufen will.

Auch wenn die Auswahl an Gläsern unüberschaubar wirkt: Mit den nachfolgend dargestellten Ausführungen ist der Haushalt schon bestens eingedeckt, um eine professionelle Hausbar zu betreiben und einen Großteil aller Cocktails servieren zu können.

LONGDRINKGLÄSER sind geeignet, um Highballs, Cocktails und ähnliche Getränke zu servieren. Unterschiedlichste Arten von Drinks werden darin meist mit einem Filler oder mit Saft aufgefüllt. Hinzu kommen häufig auch Eiswürfel.

1. Highball- oder Collins-Glas
2. Sling-Glas
3. Pint-Glas
4. Marmeladenglas
5. Weinglas

Diese **GLÄSER MIT STIEL** werden niemals mit Eis befüllt und sollten stattdessen eiskalt aus der Tiefkühltruhe kommen. Sti(e)l hat, wenn man so will, in dem Zusammenhang auch die Bedeutung, dass die Damen und Herren wissen sollten, wie das Glas zu halten ist, um genüsslich daraus trinken zu können. Diese Kategorie Gläser ist mein absoluter Favorit, doch sie müssen behutsam behandelt werden, da die Bruchgefahr hier eindeutig höher als bei anderen Glasvarianten liegt.

1. Martini-Cocktail-Glas
2. Coupette
3. Champagnerglas
4. Sour-Glas

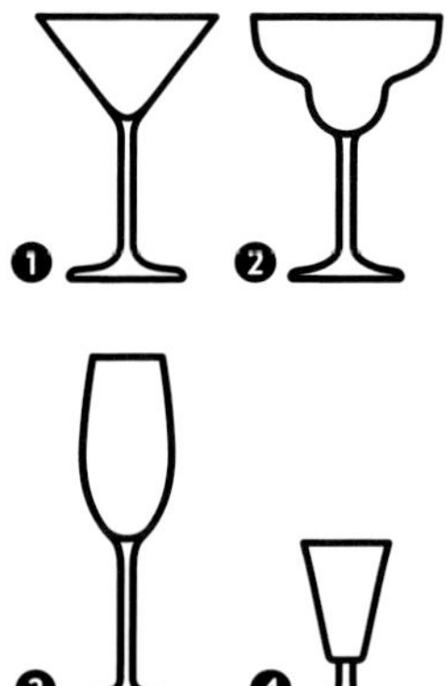

Diese **„ALTMODISCHEN“ GLÄSER** eignen sich vor allem für Cocktails mit wenigen oder gar keinen Säften sowie wenigen Inhaltsstoffen. Auch gemeinsam mit Eiswürfeln ergibt sich die genaue Menge an Zutaten, um einen Short-Cocktail aus diesen Gläsern genießen zu können. Selbstverständlich kann man darin auch Spirituosen pur verkosten.

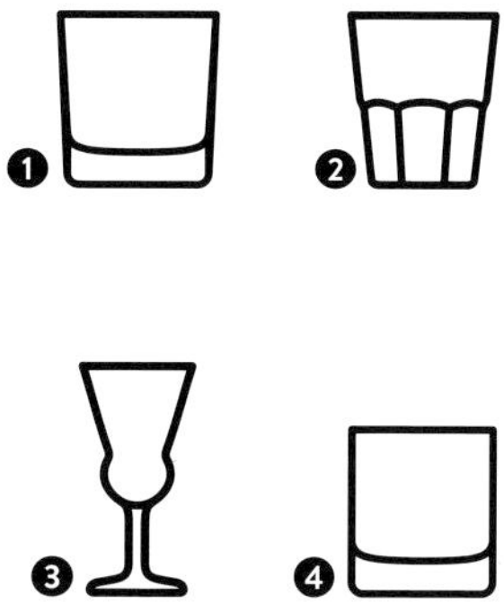

1. Old-Fashioned-Glas
2. Rocks-Glas
3. Absinth-Glas
4. Tumbler

Das **TYPISCHE SHOT-GLAS**, am besten aus der Tiefkühltruhe. Damit kann man leckere Shooter-Cocktails und auch andere Arten von Alkohol servieren.

Shot-Glas

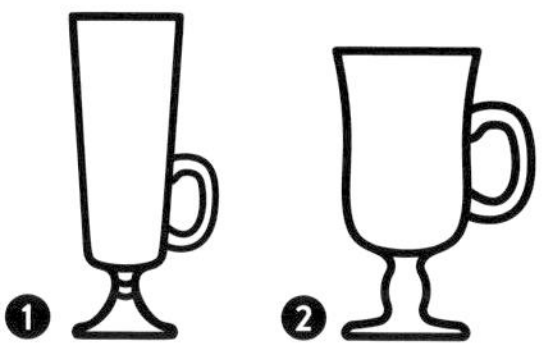

1. Toddy-Glas
2. Irish-Coffee-Glas

GLÄSER MIT HENKEL sind speziell für heiße Getränke zu empfehlen. Besonders in den kalten Monaten hilft der angebrachte Griff, um sich beim Halten nicht die Hände zu verbrennen. Populär sind momentan Kaffee- und Tee-Cocktails, aber auch andere Heißgetränke kann man in diesen Gläsern zu sich nehmen.

Punch Bowl

Etwas teurer in der Anschaffung, aber definitiv ihr Geld wert sind diese Gefäße. Früher aus den USA importiert, sind sie mittlerweile überall erhältlich und zudem eine Augenweide. Verschiedene Verzierungen machen die **BECHER** manchmal sogar zu kleinen Kunstwerken.

1. Mint-Julep-Becher
2. Moscow-Mule-Becher

Ein **PUNSCHGEFÄSS** eignet sich wunderbar, um größere Getränkemengen zuzubereiten – alkoholfreie oder alkoholische Cocktails, Punsche und Bowlen. Ein Eisblock, in der Mitte der Punch Bowl platziert, hält den Inhalt über lange Zeit kühl.

THOMAS HENRY
TONIC WATER

Gin-Cocktails

Im Jahr 1714 wurde Gin das erste Mal schriftlich in dem Buch *The Fabel of the Bees: or Private Vices, Public Benefits* erwähnt. Seit Jahren ist er die Trendspirituose schlechthin und als Hauptbestandteil vieler Cocktails und Longdrinks ein Must-have, das auch in Zukunft nicht aus der Mode kommen wird. Gewonnen wird der feine Brand meist aus Getreide oder Melasse und verfeinert mit Noten von Wacholder sowie anderen Gewürzen. Der König unter den Cocktails ist der Martini Cocktail – ursprünglich mit Genever zu einem Martinez Cocktail gemixt, eroberte er in Begleitung des Gins die Barkarten. Ein zweiter Klassiker unter den Longdrinks ist der Gin & Tonic. Ein bekannter Bartender-Freund sagte einmal: »Selbst wenn du in Jeans und T-Shirt in eine Bar gehst, du dir aber einen Gin & Tonic bestellst, hast du einen inneren Smoking an.« Ich persönlich liebe Gin und habe eine tolle kleine Auswahl bei mir daheim. Dabei folge ich aber keinem Trend, sondern teste viele verschiedene Produkte – was mich hier überzeugen kann, ist allein der Geschmack.

Gin-Fakten

Es gibt viel über den Gin zu erzählen, weshalb ich ihm gleich ein ganzes Kapitel widme. Und zwar nicht, weil er gerade im Trend liegt, sondern weil die Spirituose viel mehr als nur Martini Cocktail und Gin & Tonic ist – wobei beide zu den besten Getränken überhaupt in einer Bar zählen. Nein, es gibt noch viel mehr über den Gin zu erfahren: seine Geschichte, die unterschiedlichen Gin-Arten, die Destillation und die benutzten Rohstoffe – ein sehr interessantes Feld.
In der Tat hat der Gin den Vodka verdrängt, obwohl dieser seit einiger Zeit auch wieder stark an Bedeutung gewinnt. Es ist generell schön zu sehen, dass sich viele Menschen näher mit dem Thema Alkohol und vor allem mit bestimmten Spirituosen befassen, darüber lesen und dazulernen. Umso mehr muss natürlich auch der Bartender über solches Fachwissen verfügen, um bei Fragen Rede und Antwort stehen zu können.

GIN-DESTILLATION

Die Aromatisierung kann sowohl während der Destillation als auch nachträglich erfolgen. Es gibt je nach Aromaträger zwei übliche Destillationsverfahren, die nebeneinander oder gleichzeitig angewendet werden: Entweder werden die Alkoholdämpfe direkt über die Gewürze geleitet und nehmen dabei die Aromen mit, oder die Gewürze werden in den Rohalkohol eingelegt und mit diesem destilliert (Mazeration).

Beim Compound Gin genügt es, beim Verfahren Neutralalkohol mit Aromaessenzen zu vermischen, ohne erneut zu destillieren.

GIN-SORTEN

London Gin

- Mind. 37,5 % vol / Methanolgehalt max. 5 g/hl
- Max. 0,1 g Zucker pro Liter

London Gin darf neben den pflanzlichen Stoffen keine sonstigen zugesetzten Zutaten außer Wasser enthalten. Die Bezeichnung »London Gin« kann durch den Begriff »dry« ergänzt werden, wenn keinerlei süßende Erzeugnisse zugesetzt werden.

New Western Style Gin
New Western Gins sind weder gesetzlich geregelt noch klar definiert. Sie stammen meist aus den USA, werden aber auch in Europa hergestellt. Typische Aromen, die nicht bei traditionellen Abfüllungen zu finden sind, sind zum Beispiel Gurke, Rose, Safran oder Lavendel.

Old Tom Gin
Ganz einfach ein gesüßter Gin, der vor allem im 19. Jahrhundert getrunken wurde und in vielen klassischen Cocktails Verwendung findet.

Compound Gin
Die erste und einfachste Variante zur Herstellung von Gin heißt Cold Compound (Kaltauszug). In Alkohol werden die Pflanzen ausgezogen (mazeriert) und die festen Bestand-

1 ROHSTOFFE

Neutralalkohol (96 % vol)

→ Reduzierung auf 60 % vol

2 DESTILLATION

2.1 Direkte Destillation (Mazeration/Digeration)

Direkte Zugabe der Aromaträger

Aromatisierung in der Brennblase

Anschließend Destillation

2.2 Redestillation (Dampfinfusion)

Aromaträger in einem Sieb

Aromatisierung im Gin-Kopf

Alkoholdampf durchströmt Sieb mit Aromaträgern während Destillation

2.3 Compound Gin

Aromen werden in Form von Auszügen beigegeben

teile anschließend herausgefiltert. Das entstandene Produkt wird auf Trinkstärke herabgesetzt und dann abgefüllt.

Distilled Gin
Von Distilled Gin spricht man, wenn der Alkohol unter Zugabe der Pflanzen ein zweites Mal destilliert wird, was zu einer Intensivierung der Geschmäcker führt. Im Anschluss darf das Ergebnis mit weiterem Alkohol und Aromen verfeinert werden.

Plymouth Gin
Herkunftsbezeichnung, muss aus Plymouth, Grafschaft Devon stammen, früher Standard bei der Royal Navy auf „Navy Strength" 57 % vol. Der Plymouth Gin ist weich und hat ein dezentes Wacholderaroma.

Sloe Gin & Pink Gin
Sloe Gin – auch als Schlehenlikör bekannter aromatisierter und gesüßter Gin ohne vorgegebenen Alkoholgehalt. Wird meist in Cocktails benutzt und hat einen sehr süßlichen Geschmack.

Pink Gin (Rosé Gin)
Bezieht sich auf seine rosa Farbe und ist zurzeit sehr angesagt. Er wird meistens mit Beerenfrüchten aromatisiert. Eine Definition des Pink Gins fehlt bisher.

Die Geschichte des Gins

Gegen Ende des Mittelalters freute man sich, den Wacholder, der meistens als Heilmittel eingesetzt wurde, auch zur Branntweinherstellung verwenden zu können.

Wortherkunft: Das lateinische »juniperus« bedeutet Wacholder, »Juniper« wird zum niederländischen »Genever«, woraus wiederum der »Gin« entstand.

Die ältesten Quellen aus der Mitte des 17. Jahrhunderts ordnen einen Wacholderschnaps namens Genever dem deutschen Arzt und Wissenschaftler Franciscus Sylvius (bzw. Franz de le Boë) zu, der aus Wacholder eine Mixtur hergestellt haben soll, um Nierenleiden zu bekämpfen.

Als Wilhelm III. von Oranien-Nassau 1689 den englischen Thron bestieg, brachte er den Genever aus seiner niederländischen Heimat mit. Unter ihm wurde die Produktion von Wacholderschnaps steuerfrei, der Import französischer Alkoholika hingegen mit hohen Steuern belegt. Englische Soldaten, die Wacholderschnaps auf die Insel brachten, gaben ihm den Namen Gin. Ein Gesetz von 1690 legte fest, dass Gin nur aus englischem Getreide destilliert und produziert werden darf.

Um das 18. Jahrhundert destillierte man in England viele harte und raue Brände mit hohem Alkoholgehalt unter der Bezeichnung »Gin«. Da Gin billig hergestellt

1347–1353	Die Pest tötet ⅓ der Bevölkerung (25 Mio.) in Europa. Wacholder wird zur Bekämpfung der Pest verwendet (Wacholderfeuer & Elixiere). Keine Heilung, aber Vorbeugung und Linderung
1450–1512 1536–1615	**Dr. Hieronymus Brunschig** (1450–1512) *Aqua Vitae Composita* (Das Buch der wahren Kunst zu destillieren) **Caspar Coolhaes** (1536–1615) ehemaliger Kartäusermönch *Aqua Juniperi* und *Oleum Juniperi*
1595[1] 1658–1672[2]	**Sylvius de Bouve**[1] (Universität Leiden) **Franciscus** (Sylvius) **de le Boë**[2] (Uni Leiden) gelten beide fälschlicherweise als Erfinder des Genever
1689	**Wilhelm III. von Oranien** besteigt den englischen Thron und bringt Genever mit nach England
1690	**Distilling Act** Minimale Steuersätze auf Verwendung von einheimischem Getreide mit gleichzeitiger Verdoppelung der Abgaben für Bier und Wein
1702	Thronfolgerin Queen Anne entschärft das Gesetz und ermöglicht fast jedem das lizenzfreie Brennen. Daraus resultieren schlechte bis gar keine Qualitätsstandards sowie fehlende Kontrollorgane

werden konnte, war er in den unteren Gesellschaftsschichten sehr beliebt – die Menschen fingen an, so viel Gin zu trinken, dass ein normales Leben nicht mehr möglich war. Immer häufiger waren sie betrunken und konnten ihrer Arbeit nicht mehr nachgehen. Teilweise überstieg die Sterberate sogar die Geburtenrate. Durch diese »Gin-Krise«sah sich die Regierung gezwungen einzugreifen, indem sie die Steuern anhob und die Produktion des Getränks sowie seinen Konsum künstlich verteuerte.

1791 regulierte der sogenannte Gin Act nicht nur dessen Qualität und Herstellung, sondern brachte den Gin auch in die Kreise der Oberschicht. Zahlreiche Destillerien tüftelten an neuen Rezepturen, vor allem im Vorort Finsbury. Gerade dort, wo es klares Quellwasser gibt, entwickelte sich auch der London Dry Gin, der durch eine vierfache Destillation in Kupferkesseln seinen runden und trockenen Geschmack erhält.

Und so entwickelte sich der Gin zu einer hochwertigen Spirituose, deren Erfolgsgeschichte bis heute fortgeschrieben wird – wie man an den unzähligen Sorten gut erkennen kann. Er fördert den Geschmack anderer Cocktail-Zutaten und ist durch seine Vielseitigkeit meiner Meinung nach mit dem Whiskey zusammen die wichtigste Spirituose in jeder Bar.

1729

1500 Compound-Destiller vs. zwei Dutzend Großdestillerien

1. Gin Act

Hohe Lizenzgebühren und Steuern für aromatisierte Spirituosen werden erlassen. Rohalkohol weiter steuerfrei – Illegalität und Schwarzbrennerei als Folgen

1733

Offizieller Konsum steigt von 20 auf 40 Mio. Liter in London – etwa 70`Liter pro Kopf

2. Gin Act

Verschärfung der Regeln – kein Straßen- und Ladenverkauf

1734–1751

3. Gin Act

Extrem hohe Steuer und Lizenzgebühren

1751

4. Gin Act

Schanklizenzen

William Hogarth

(Gin Lane vs. Beer Street)

1757–1760

Verbot der Herstellung von Getreidealkohol: Durch Erhöhung der Steuern für Branntweine wurde es unmöglich, Gin weiter billig anzubieten

1919–1933

Während der Prohibition in den USA wird **Bathtub Gin** hergestellt

1960–1990

Vodka verdrängt kurzfristig den Gin

Gin-Rohstoffe

Der Agraralkohol für die Herstellung von Gin wird aus beliebigen kohlenhydrathaltigen Ausgangsstoffen gebrannt, meist Getreide oder Melasse. Der charakteristische Geschmack entsteht aus der Aromatisierung mit Gewürzen, darunter vor allem Wacholderbeeren und Koriander. Der Name leitet sich indirekt vom botanischen Namen des Wacholders, »Juniperus« ab; als Herkunftswort des Gin werden manchmal »juniper berries« genannt, der Großteil bezieht sich aber auf das niederländische Vorläufergetränk, den Genever.

Weitere Bestandteile sind von Hersteller zu Hersteller verschieden, etwa Ingwer, Muskat, Orangenschalen (Flavedo) oder Paradiesapfelkerne (vom Calville-Apfel). Insgesamt können bei der Gin-Herstellung etwa 120 verschiedene Zutaten als Aromen und Wirkstoffe zum Einsatz kommen*.

*Definition Gin – Verordnung EG Nr. 110/2008 des Europäischen Parlaments und des Rates.

Koriander

Kümmel

Lavendel

Neutralalkohol

Wacholder

Zitrusfrüchte

Gin – Ursprung & Herstellung

- Eine Spirituose mit Wacholdergeschmack, die durch Aromatisieren von Ethylalkohol landwirtschaftlichen Ursprungs, der entsprechende sensorische Eigenschaften aufweist, mit Wacholderbeeren (juniperus communis) gewonnen wird.

- Der Mindestalkoholgehalt von Gin beträgt 37,5 % vol.

- Bei der Herstellung von Gin dürfen nur natürliche und/oder naturidentische Aromastoffe gemäß Artikel 1 Absatz 2 Buchstabe b Ziffern i und ii der Richtlinie 88/388/EWG und/oder Aromaextrakte gemäß Artikel 1 Absatz 2 Buchstabe c der genannten Richtlinie verwendet werden, wobei der Wacholdergeschmack vorherrschend bleiben muss.

GIN-EUROPAKARTE

1 Gin – England
2 Genever – Holland

NEGRONI

»Einen Americano mit ein paar Spritzern Gin, bitte.« So begann die Erfolgsgeschichte eines der beliebtesten Aperitif-Cocktails der Welt – des Negroni. Graf Camillo Luigi Manfredo Negroni saß in seiner Lieblingsbar, dem Caffé Casoni in Florenz, und wollte eines Tages seinen Americano etwas kräftiger zubereitet haben, weshalb er Gin verlangte. Der damalige Bartender Fosco Bruno Sabatino Scarselli kam diesem Wunsch gerne nach, und von da an nannte man den Drink nach dem Grafen – Negroni.

↓

3 cl Tanqueray No. 10 Gin
3 cl Campari
3 cl Belsazar Red Vermouth

•

GARNITUR
Orangenzeste

•

ZUBEREITUNG
Im Tumbler ca. 10 Sekunden vorsichtig verrühren. Orangenzeste über dem Drink ausdrücken und ins Glas geben.

•

Glas: Tumbler – Old-Fashioned-Glas

1919

Caffé Casoni, Florenz; benannt nach dem Grafen Camillo Negroni

MARTINI COCKTAIL ORIGINAL

Der Großvater des Martini Cocktail – der Martinez – hat seinen Ursprung in den USA. Zubereitet wurde dieser mit süßem Wermut, dem obligatorischen Maraschino sowie Gin und Orange Bitters. Daraus entwickelte sich höchstwahrscheinlich der König der Cocktails, der Martini Cocktail. Trockener Wermut trifft auf Gin mit ein paar Spritzern Orange Bitters. Gerührt und nicht geschüttelt sowie mit einer Zitronenzeste, ist er der Drink, an dem sich die Besten messen lassen.

↓

6 cl Tanqueray No. 10 Gin
2 cl Belsazar Dry Vermouth
2 dashes The Bitter Truth Orange Bitters

•

GARNITUR
Zitronenzeste
optional: Oliven an der Seite

•

ZUBEREITUNG
Im Rührglas auf Eiswürfeln ca. 10 Sekunden vorsichtig verrühren und ins Glas abseihen. Zitronenzeste über dem Drink ausdrücken und ins Glas geben.

•

Glas: Coupe-Glas

ca. 1888

Vermutlich *Harry Johnson*, Bartenders' Manual

GIN FIZZ

Sommer, Sonne, Sonnenschein und dazu einen der besten Erfrischungsdrinks überhaupt: einen Gin Sour, verlängert im Highball-Glas und mit frischem Sodawasser. Nein, dies ist kein Tom Collins, denn der wird in einem größeren Glas mit mehr Soda und mehr Zitrone serviert – gerührt und nicht geschüttelt wie der Gin Fizz.

↓

6 cl Tanqueray No. 10 Gin
3 cl frisch gepresster Zitronensaft
2 cl Zuckersirup (siehe Seite 187)
6–8 cl Sodawasser

•

GARNITUR
¼ Zitrone

•

ZUBEREITUNG
Im Shaker auf Eiswürfeln ca. 10 Sekunden kräftig schütteln, mit Soda auffüllen und ins Glas abseihen. Zitronenspalte in den fertigen Cocktail geben.

•

Glas: Longdrinkglas

•

VARIATIONEN:
Silver Fizz – *mit einem zusätzlichen Eiweiß*
Sloe Gin Fizz – *mit Gin, in dem Schlehen eingelegt sind*
Grand Royal Sloe Gin Fizz – *mit Gin, in dem Schlehen eingelegt sind, einem zusätzlichen ganzen Ei und Champagner statt Sodawasser*

CLOVER CLUB

1882 traf sich im Bellevue Stratford Hotel in Philadelphia die Elite, um über die Zukunft der Wirtschaft zu entscheiden. Im Frühling servierte man hier einen Gin-Cocktail, der mit Himbeersirup gesüßt wurde – den Clover Club. Wer keinen Sirup zur Hand hat, kann frische Himbeeren nehmen und sich seinen eigenen Sirup zubereiten bzw. die Himbeeren direkt im Shaker zerstoßen und Zuckersirup hinzufügen.

↓

6 cl Tanqueray No. 10 Gin
3 cl frisch gepresster Zitronensaft
2 cl Himbeersirup
½ Eiweiß

•

GARNITUR
Himbeeren

•

ZUBEREITUNG
Im Shaker auf Eiswürfeln ca. 10 Sekunden kräftig schütteln, in einen zweiten Becher abseihen und weitere ca. 10 Sekunden ohne Eis »dry« shaken. Mit Himbeeren garnieren.

•

Glas: Cocktailschale – Coupe

1935

Albert Stevens Crockett, The Old Waldorf-Astoria Bar Book

LAST WORD

Der Last Word hatte ein kurzes Leben, das später aber neu erweckt wurde. 1916 in Detroit erfunden, 1918 kam die Prohibition in Michigan an und verwehrte dem Last Word den Siegeszug. Wer ihn erfunden und verbreitet hat, ist umstritten; sicher ist jedoch, dass er im Detroit Athletes Club zum ersten Mal serviert wurde. Seine Wiederentdeckung erlebte er erst ca. 50 Jahre danach.

↓

2 cl Tanqueray No. 10 Gin
2 cl Chartreuse Verte
2 cl Maraschino
2 cl frisch gepresster Limettensaft

•

GARNITUR
keine

•

ZUBEREITUNG
Im Shaker auf Eiswürfeln ca. 10 Sekunden kräftig schütteln und ins Glas abseihen.

•

Glas: Cocktailschale – Coupe

1951

Ted Saucier, Bottoms Up

GIMLET

Er war Admiral der Royal Navy – Thomas Gimlette, der seinen Matrosen anordnete, puren Limettensaft zu trinken. Natürlich kam man auf die Idee, dass dieser mit Gin und Zucker viel besser schmeckte, und so war der Gimlet geboren. Fruchtig, frisch und süß zugleich und mit einer ordentlichen Portion Power, ist er ein sehr ausgewogener Gin-Cocktail, der seinesgleichen sucht.

↓

5 cl Tanqueray No. 10 Gin
5 cl Rose's Lime Juice

•

GARNITUR
keine

•

ZUBEREITUNG
Im Rührglas auf Eiswürfeln ca. 10 Sekunden vorsichtig verrühren und ins Glas abseihen.

•

Glas: Cocktailschale – Coupe

1922

Harry MacElhone,
Harry's ABC of Mixing Cocktails

TEN

HANKY PANKY COCKTAIL

Die legendäre Barfrau Ada »Coley« Coleman und das Savoy Hotel in London: Geburtsstunde des Hanky Panky. Der Clou: zwei Spritzer Fernet Branca. »By Jove. That is the real Hanky Panky«, schrie Schauspieler Charles Hawtrey, als er diese neue Mixtur von Coley serviert bekam und damit nicht nur sich, sondern bald auch viele Gäste mit dem Cocktail infizierte.

↓

4 cl Tanqueray No. 10 Gin
4 cl Belsazar Red Vermouth
1 cl Fernet Branca

•

GARNITUR
keine

•

ZUBEREITUNG
Im Rührglas auf Eiswürfeln ca. 10 Sekunden vorsichtig verrühren und ins Glas abseihen.

•

Glas: Martiniglas

1930

Harry Craddock,
The Savoy Cocktail Book

WHITE LADY

Bartender Harry MacElhone hatte die White Lady bereits im Ciro's Club in London kreiert, die Rezeptur des Drinks dann aber in Harry's New York Bar in Paris umgeschrieben. Er verwendete zuvor Crème de Menthe anstelle von Gin, was bei den Gästen jedoch keinen Anklang fand. Eiweiß tauchte erst Jahre später in der Zutatenliste der White Lady auf und verlieh ihr dadurch eine angenehme Fluffigkeit.

↓

6 cl Tanqueray No. 10 Gin
3 cl frisch gepresster Zitronensaft
1 cl Zuckersirup (siehe Seite 187)
2 cl Triple Sec
1 Eiweiß

•

GARNITUR
keine

•

ZUBEREITUNG
Im Shaker auf Eiswürfeln ca. 10 Sekunden kräftig schütteln und ins Glas abseihen.

•

Glas: Cocktailschale – Coupe

1929

Harry MacElhone,
Harry's ABC of Mixing Cocktails

RAMOS GIN FIZZ

(auch bekannt als New Orleans Fizz)

Angeblich der Cocktail, der wie eine Blume schmeckt ... Ob ich die Blume schmecke, weiß ich nicht, aber ich schmecke einen der leckersten Cocktails der Welt, wenn er richtig zubereitet ist. Es heißt, der Drink soll zehn Minuten lang von auszubildenden Bartendern geschüttelt worden sein, während der Chef-Bartender nur die genaue Menge ins Shakerglas gab und zusah. Mit Orangenblütenwasser und Soda getoppt – ein blumiges Gedicht.

↓

6 cl Tanqueray No. 10 Gin
1,5 cl frisch gepresster Zitronensaft
1,5 cl frisch gepresster Limettensaft
2 cl Zuckersirup (siehe Seite 187)
1 cl Sahne
1 Eiweiß

•

TOPPING
6–8 cl Sodawasser
6 dashes The Bitter Truth Orange Flower Water

GARNITUR
keine

•

ZUBEREITUNG
Im Shaker auf Eiswürfeln ca. 10 Sekunden kräftig schütteln, mit Soda auffüllen und die Schaumkrone mit dem Orangenblütenwasser beträufeln.

•

Glas: Longdrinkglas

1888

Henry C. Ramos, New Orleans

BRAMBLE

Den Bramble soll laut* Espresso Martini *der 2016 verstorbene Dick Bradsell erfunden haben. Heute Pflicht auf jeder Cocktailkarte, trat der Bramble zunächst seinen Siegeszug in England und den USA an und eroberte mit dem Gin-Hype auch Deutschland, wo er sich für viele verschiedene Zubereitungsarten eignet. Mir persönlich gefällt die Variante mit den frischen Brombeeren, zerstoßen, geschüttelt und doppelt abgeseiht.

↓

6 cl Tanqueray No. 10 Gin
3 cl frisch gepresster Zitronensaft
1,5 cl Crème de Mure (Brombeerlikör)
1 cl Zuckersirup (siehe Seite 187)
4 Brombeeren

•

GARNITUR
Brombeeren
Puderzucker

•

ZUBEREITUNG
Im Shaker auf Eiswürfeln ca. 10 Sekunden kräftig schütteln und in den Tumbler auf crushed ice abseihen. Brombeeren mit Puderzucker bestäuben und obendrauf geben.

•

Glas: Tumbler

1980er

Dick Bradsell, Fred's Club Soho, London

Gin-Cocktails

Alaska

↓

4 cl Tanqueray No. 10 Gin
1 cl Chartreuse Jaune
1 dash The Bitter Truth Orange Bitters
1 dash Amontillado Sherry

•

GARNITUR
keine

•

ZUBEREITUNG
Im Rührglas auf Eiswürfeln ca. 10 Sekunden vorsichtig verrühren und ins Glas abseihen.

•

Glas: Cocktailschale – Coupe

Alexander

↓

3 cl Tanqueray No. 10 Gin
2 cl Crème de Cacao weiß
3 cl Sahne

•

GARNITUR
Muskatnuss

•

ZUBEREITUNG
Im Shaker auf Eiswürfeln ca. 10 Sekunden kräftig schütteln und ins Glas abseihen. Muskatnuss über den fertigen Drink reiben.

•

Glas: Cocktailschale – Coupe

1916

Hugo Ensslin, Recipes for Mixed Drinks

Aviation

↓

5 cl Tanqueray No. 10 Gin
2 cl frisch gepresster Zitronensaft
1,5 cl Maraschino
1 BL The Bitter Truth Crème de Violette

•

GARNITUR
keine

•

ZUBEREITUNG
Im Shaker auf Eiswürfeln ca. 10 Sekunden kräftig schütteln und ins Glas abseihen.

•

Glas: Cocktailschale – Coupe

1916

Hugo Ensslin, Recipes for Mixed Drinks

Bijou

↓

3 cl Tanqueray No. 10 Gin
3 cl Chartreuse Verte
3 cl Vermouth Rosso
1 dash The Bitter Truth Orange Bitters

•

GARNITUR
keine

•

ZUBEREITUNG
Im Rührglas auf Eiswürfeln ca. 10 Sekunden vorsichtig verrühren und ins Glas abseihen.

Glas: Cocktailschale – Coupe

1890

Harry Johnson, Bartenders' Manual

Bronx

↓

6 cl Tanqueray No. 10 Gin
2 cl Belsazar Dry Vermouth
2 cl Belsazar Red Vermouth
2 cl frisch gepresster Orangensaft

•

GARNITUR
keine

•

ZUBEREITUNG
Im Shaker auf Eiswürfeln ca. 10 Sekunden kräftig schütteln und ins Glas abseihen.

•

Glas: Cocktailschale – Coupe

1908

William Boothby, The World's Drinks and how to mix them

Claridge

↓

4,5 cl Tanqueray No. 10 Gin
4,5 cl frisch gepresster Zitronensaft
1,5 cl Orangenlikör oder Triple Sec
1,5 cl The Bitter Truth Apricot Brandy

GARNITUR
optional: Zitronenzeste
•
ZUBEREITUNG
Im Rührglas auf Eiswürfeln ca. 10 Sekunden vorsichtig verrühren und ins Glas abseihen. Optional mit Zitronenzeste garnieren.
•
Glas: Cocktailschale – Coupe

1930

Harry Craddock,
The Savoy Cocktail Book

Dirty Martini

↓

6 cl Tanqueray No. 10 Gin
1 cl Vermouth Dry
4 dashes Olivenlake
•
GARNITUR
1 Olive oder mehrere (nach Belieben)
•
ZUBEREITUNG
Im Rührglas auf Eiswürfeln ca. 10 Sekunden vorsichtig verrühren und ins Glas abseihen. Mit Olive garnieren.
•
Glas: Martiniglas

1933

Franklin D. Roosevelt hat mit dem Dirty Martini auf das Ende der Prohibition angestoßen.

Dry Martini Cocktail

↓

8 cl Tanqueray No. 10 Gin
1 cl Belsazar Dry Vermouth
•
GARNITUR
mittelgroße grüne Olive mit Stein
•
ZUBEREITUNG
Im Rührglas auf Eiswürfeln ca. 10 Sekunden vorsichtig verrühren und ins Glas abseihen. Olive dazugeben.
•
Glas: Martiniglas

ca. 1940

Gibson

↓

6 cl Tanqueray No. 10 Gin
1 cl Vermouth Dry
•
GARNITUR
1 Perlzwiebel oder mehrere (nach Belieben)
•
ZUBEREITUNG
Im Rührglas auf Eiswürfeln ca. 10 Sekunden vorsichtig verrühren und ins Glas abseihen. Mit Perlzwiebel garnieren.

Glas: Martiniglas

1908

William Boothby, The World's Drinks and how to mix them

Gin & It

↓

6 cl Tanqueray No. 10 Gin
3 cl Vermouth Rosso
•
GARNITUR
⅛ Orange
•
ZUBEREITUNG
Im Martiniglas auf Eis ca. 10 Sekunden vorsichtig verrühren. Orangenspalte über dem Drink auspressen oder hineingeben.
•
Glas: Martiniglas

1890

Wurde früher als Sweet Martini in New Yorker Bars getrunken.

Gin & Sin

↓

4 cl Tanqueray No. 10 Gin
4 cl Orangensaft
2 cl Zitronensaft
1 cl Zuckersirup (siehe Seite 187)
1 dash Grenadine

GARNITUR
keine

•

ZUBEREITUNG
Im Shaker ca. 10 Sekunden auf Eiswürfeln kräftig schütteln und ins Glas abseihen.

•

Glas: Cocktailschale – Coupe

Income Tax Cocktail

↓

3 cl Tanqueray No. 10 Gin
2 cl Belsazar Dry Vermouth
2 cl Belsazar Red Vermouth
3 cl frisch gepresster Orangensaft
2 dashes The Bitter Truth Aromatic Bitters

•

GARNITUR
Orangenzeste

•

ZUBEREITUNG
Im Shaker auf Eiswürfeln ca. 10 Sekunden kräftig schütteln und ins Glas abseihen. Orangenzeste über dem Drink ausdrücken und ins Glas geben.

•

Glas: Cocktailschale – Coupe

1920

Dieser Cocktail wurde als Adaption des Bronx Cocktail erfunden.

Journalist

↓

4 cl Tanqueray No. 10 Gin
2 cl Belsazar Dry Vermouth
2 cl Belsazar Red Vermouth
1 cl Zitronensaft
1 cl Triple Sec oder Orangenlikör
2 dashes The Bitter Truth Aromatic Bitters

•

GARNITUR
Zitronenzeste

•

ZUBEREITUNG
Im Rührglas auf Eiswürfeln ca. 10 Sekunden vorsichtig verrühren und ins Glas abseihen. Zitronenzeste über dem Drink ausdrücken und ins Glas geben.

•

Glas: Cocktailschale – Coupe

1930

Harry Craddock,
The Savoy Cocktail Book

Knickerbocker Martini

↓

4 cl Tanqueray No. 10 Gin
3 cl Belsazar Dry Vermouth
1 cl Belsazar Red Vermouth

•

GARNITUR
Zitronenzeste

ZUBEREITUNG
Im Rührglas auf Eiswürfeln ca. 10 Sekunden vorsichtig verrühren und ins Glas abseihen. Zitronenzeste über dem Drink ausdrücken und ins Glas geben.

•

Glas: Martiniglas

1930

Harry Craddock,
The Savoy Cocktail Book

Martinez Cocktail

(Großvater des Martini Cocktail)

↓

5 cl Tanqueray No. 10 Gin
3 cl Belsazar Red Vermouth
1 cl Maraschino
2 dashes The Bitter Truth Orange Bitters

•

GARNITUR
Zitronenzeste

•

ZUBEREITUNG
Im Rührglas auf Eiswürfeln ca. 10 Sekunden vorsichtig verrühren und ins Glas abseihen. Zitronenzeste über dem Drink ausdrücken und ins Glas geben.

•

Glas: Martiniglas

1884

O.H. Byron, The Modern Bartenders' Guide

Monkey Gland

↓

6 cl Tanqueray No. 10 Gin
3 cl frisch gepresster Orangensaft
1 dash Pernod oder Absinth
2 dashes Grenadine

•

GARNITUR
Orangenzeste

•

ZUBEREITUNG
Im Shaker auf Eiswürfeln ca. 10 Sekunden kräftig schütteln und ins Glas abseihen. Orangenzeste über dem Drink ausdrücken und ins Glas geben.

•

Glas: Cocktailschale – Coupe

1920er

Harry MacElhone,
Harry's New York Bar, Paris

Pegu Club

↓

5 cl Tanqueray No. 10 Gin
1 cl frisch gepresster Limettensaft
1,5 cl Orange Curaçao
1 dash The Bitter Truth Aromatic Bitters
1 dash The Bitter Truth Orange Bitters

•

GARNITUR
Orangenzeste

ZUBEREITUNG
Im Shaker auf Eiswürfeln ca. 10 Sekunden kräftig schütteln und ins Glas abseihen. Orangenzeste über dem Drink ausdrücken und ins Glas geben.

•

Glas: Cocktailschale – Coupe

1920

Pegu Club, Rangoon

Pink Gin

↓

6 cl Tanqueray No. 10 Gin
3 dashes The Bitter Truth Aromatic Bitters

•

GARNITUR
Zitronenzeste

•

ZUBEREITUNG
Gin im Rührglas auf Eiswürfeln ca. 10 Sekunden vorsichtig verrühren. Martiniglas mit Bitters ausschwenken, den Inhalt des Rührglases abseihen. Zitronenzeste über dem Drink ausdrücken und ins Glas geben.

•

Glas: Martiniglas

1824

Dr. Johann Gottlieb Benjamin Siegert,
Royal Navy

Pink Lady

↓

6 cl Tanqueray No. 10 Gin
1 cl frisch gepresster Zitronensaft
1 cl Zuckersirup (siehe Seite 187)
2 dashes Grenadine
1 Eiweiß

•

GARNITUR
keine

•

ZUBEREITUNG
Im Shaker auf Eiswürfeln ca. 10 Sekunden kräftig schütteln und ins Glas abseihen.

•

Glas: Sherryglas

1937

William J. Tarling, Café Royal Cocktail Book

Red Snapper

↓

6 cl Tanqueray No. 10 Gin
1 cl frisch gepresster Zitronensaft
12 cl Tomatensaft von bester Qualität
6 dashes Worcestershiresauce
2 dashes Tabasco
1 Prise Salz
1 Prise schwarzer Pfeffer

•

GARNITUR
Stangensellerie

ZUBEREITUNG
Im Shaker 2 Sekunden leicht shaken und sofort ohne Eis in das Longdrinkglas abseihen. Stangensellerie schälen und ins Glas geben.

•

Glas: Longdrinkglas

1962

The London Magazine, Vol. 2

Singapore Sling

↓

5 cl Tanqueray No. 10 Gin
3 cl frisch gepresster Limettensaft
1 cl Cointreau
1 cl Bénédictine
1 cl Grenadine
1,5 cl Cherry Brandy
10 cl Ananassaft von bester Qualität

•

GARNITUR
Stielkirsche (am besten eingelegt in Bourbon Whiskey)

•

ZUBEREITUNG
Im Shaker auf Eiswürfeln ca. 10 Sekunden kräftig schütteln und ins Glas abseihen. Mit Stielkirsche garnieren.

•

Glas: Longdrinkglas

1915

Long Bar, Raffles Hotel, Singapur. *Ngiam Tong Boon* erfand den Ur-Sling, der sich Strait Sling nannte.

Tom Collins

↓

6 cl Tanqueray No. 10 Gin
3 cl frisch gepresster Zitronensaft
1 cl Zuckersirup (siehe Seite 187)
10 cl Sodawasser

•

GARNITUR
¼ Zitrone, Stielkirsche

•

ZUBEREITUNG
Im Longdrinkglas verrühren und mit Soda auffüllen. Mit Zitronenspalte und Stielkirsche garnieren.

•

Glas: Longdrinkglas oder Collins-Glas

Twentieth Century

↓

4 cl Tanqueray No. 10 Gin
2 cl Lillet Blanc
2 cl Crème de Cacao weiß
2 cl frisch gepresster Zitronensaft

•

GARNITUR
Zitronenzeste

•

ZUBEREITUNG
Im Shaker auf Eiswürfeln ca. 10 Sekunden schütteln und ins Glas abseihen. Mit Zitronenzeste garnieren.

•

Glas: Cocktailschale – Coupe

1937

William J. Tarling, Café Royal Cocktail Book

Patrick Gavin Duffy hat es mit dieser Aussage schon sehr gut auf den Punkt gebracht. Ich möchte den Beruf in folgende drei Kategorien unterteilen:

- Die Ausbildung
- Die Weiterbildung
- Die Perfektionierung

DIE AUSBILDUNG

Die Ausbildung zum Bartender kann in mehreren Formen stattfinden. Eine Möglichkeit ist die Barschule, die beispielsweise Quereinsteigern ein Basiswissen vermittelt. Wer dranbleiben möchte, kann weitere Kurse belegen, um sein Wissen zu vertiefen, und schließlich die Prüfung zum Barmeister (IHK) ablegen. Die Schüler werden während dieser ganzen Zeit durch die Barschule begleitet und unterrichtet. Dort wird sehr kompakt viel Wissen vermittelt, und das spürt man auch deutlich, wenn man die Kursgebühren betrachtet …

Eine andere Möglichkeit ist die Ausbildung zum/zur Restaurantfachmann/-frau mit der Weiterbildung oder Spezialisierung in die Bar. Hier werden vor allem die Bereiche Food & Beverage, Einkauf, Küche, Restaurant, Bar, PR & Marketing, Events und mehr abgedeckt. Diese Ausbildung ist sehr umfangreich und dauert in der Regel drei Jahre – anschließend erfolgt die IHK-Prüfung.

Schließlich gibt es noch die Quereinsteiger, die von anderen Berufen kommen oder gar keinen Beruf

Der Beruf des Bartenders

»Bartending is an old and honorable trade. It is not a profession and I have no sympathy with those who try to make it anything but what it was. The idea of calling a bartender a professor or mixologist is nonsense.«

Patrick Gavin Duffy, *The Official Mixer's Manual*, 1934

haben und direkt in einer Bar als Runner oder für ähnliche Aufgaben eingesetzt werden. Hier gilt es, zunächst alles von Grund auf zu erlernen. In meinen Augen ist das die schwierigste Art, diesen Job zu verfeinern – und trotzdem können bei großem Interesse und viel Leidenschaft sowie durch Fort- und Weiterbildungen hier beste Ergebnisse erzielt werden. Auch auf diesem Weg kann man in ein paar Jahren zu einem ordentlichem Bartender heranwachsen.

DIE WEITERBILDUNG

Wie bei vielen Berufen ist in der Barbranche die Weiterbildung essenziell für eine aufstrebende Karriere. Denn je mehr Leidenschaft und Liebe der Bartender in seinen Beruf investiert, umso mehr Erfolg wird er haben. Weiterbildung kann in vielen Formen stattfinden, auf Reisen, in Bar- und Gastronomie-Shows, auf Lehrgängen und Vorträgen usw. Viele Bars bieten »Masterclasses« an, zu denen sie berühmte und erfolgreiche Bartender aus der ganzen Welt einladen. Diese berichten über ihre Karriere, den Barbetrieb und ihre Arbeitsweisen – sehr informativ! Eine solche Veranstaltung kann ich jedem ans Herz legen.

Ich persönlich habe unzählige Bücher gelesen und durchgeblättert und erneut gelesen; nicht nur über Bars und Cocktails, sondern auch über Design, Mode, Uhren, Weltgeschichte usw. Das sind alles Grundlagen für eine solide Weiterbildung in unserem Metier.

DIE PERFEKTIONIERUNG

Schon mal vorweg: Den perfekten Bartender gibt es nicht. Egal, wer das denkt: Er liegt falsch. Keiner kann perfekt sein. Denn um perfekt zu sein oder zu werden, müsste man uns durch Roboter ersetzen, und selbst die würden bei falscher Programmierung Fehler machen.

Stellen Sie sich vor, Sie würden als Bartender arbeiten ... Hier meine Tipps:

- Sei immer du selbst und arbeite nach bestem Wissen und Gewissen. Wenn du etwas nicht weißt, gib es zu, schau nach und versuche, den Wunsch des Gastes zu erfüllen, oder verweise ihn ggf. an deinen Vorgesetzten.
- Argumentiere nicht mit Gästen und sei kein Schlauberger. Bleib bei Unstimmigkeiten ruhig und ziehe dich zurück, bevor eine Situation eskaliert, und übergebe an einen Kollegen, der sich diesem Gast widmet.
- Sei immer fair und pünktlich, lieber sogar überpünktlich.
- Sei bescheiden und konzentriere dich auf den Gast und nicht auf dich.
- Trinke keinen Alkohol während deiner Schicht, sonst wirst du irgendwann dein eigener bester Gast. Halte dich von Aufputschmitteln oder sonstigen Stoffen fern, denn nur so stehst du die Arbeitswoche und die Jahre gesund durch und kannst deinen Beruf noch sehr lange ausüben.
- Setze Social Media sinnvoll ein und poste auf gar keinen Fall Gästefotos in deinen Accounts.
- Hab Spaß bei der Arbeit, aber sei kein Clown.
- Sei dennoch immer mit viel Engagement bei der Sache und greife nach den Sternen – sie sind`nicht so weit weg ...

GIN & TONIC – THE ITALIAN

Der Italian G&T ist eine Hommage an Italien, das Land der Aperitiva. Ein Gin & Tonic mit einem Schuss Campari und etwas zusätzlichem Orangenbitter macht diesen G&T zu einem bitter-fruchtig komplexen Drink, den man mit viel Eis trinken sollte.

↓

5 cl Tanqueray No. 10 Gin
1 cl Campari
2 dashes The Bitter Truth Orange Bitters
10 cl Thomas Henry Tonic Water

•

GARNITUR
Orangenzeste

•

ZUBEREITUNG
Gin, Campari und The Bitter Truth Orange Bitters ins Longdrinkglas geben und kurz verrühren. Eis hinzufügen, mit Thomas Henry Tonic Water auffüllen und nochmals verrühren. Garnitur dazugeben und servieren.

•

Glas: Longdrinkglas

GIN & TONIC – THE SPICY

Wer eine leichte Schärfe in seinem G&T haben möchte, liegt bei diesem Rezept goldrichtig. Die Chilischote wird nicht angedrückt oder anderweitig »scharf gemacht«, sondern lediglich dem Drink beigegeben. Die leichte Schärfe, die sich darin langsam verbreitet, macht diesen Gin & Tonic zu einem sehr intensiven Erlebnis.

↓

5 cl Tanqueray No. 10 Gin
2 dashes The Bitter Truth Orange Bitters
1 cl frisch gepresster Limettensaft
10 cl Thomas Henry Tonic Water

•

GARNITUR
Chilischote – halbiert
⅛ Limette

•

ZUBEREITUNG
Gin, The Bitter Truth Orange Bitters und frisch gepressten Limettensaft ins Longdrinkglas geben und kurz verrühren. Eis hinzufügen, mit Thomas Henry Tonic Water auffüllen und nochmals verrühren. Garnitur dazugeben und servieren. Kleiner Tipp: mit der Chilischote über den Glasrand fahren – für einen schärferen Geschmack.

•

Glas: Longdrinkglas

GIN & TONIC – THE GARDEN

Ein Garten ist der optimale Ort bei der Suche nach Kräutern und sonstigem Gemüse, mit dem man seinen G&T verfeinern kann, denn die Auswahl ist beinahe grenzenlos. Meine Favoriten sind Minze und Gurke aus meinem eigenen Garten; Celery Bitters und Maraschino geben dem Gin Tonic zusätzlich eine eigene Komplexität und Süße, was sehr angenehm schmeckt.

↓

5 cl Tanqueray No. 10 Gin
2 dashes The Bitter Truth Celery Bitters
1 cl Maraschino
10 cl Thomas Henry Tonic Water

•

GARNITUR
3 Stängel Minze
1 Scheibe Gurke

•

ZUBEREITUNG
Gin, The Bitter Truth Celery Bitters und Maraschino ins Longdrinkglas geben und kurz verrühren. Eis hinzufügen, mit Thomas Henry Tonic Water auffüllen und nochmals verrühren. Garnitur dazugeben und servieren. Kleiner Tipp: Die Minze mit der offenen Hand anklatschen, um die Aromen freizusetzen; mit der Gurke am Glasrand entlangfahren, um den Gurkengeschmack zu verstärken.

•

Glas: Longdrinkglas

GIN & TONIC – THE MEDITERRANEAN

Rosmarin und Rosenwasser sollen gemeinsam in einen Gin & Tonic und dazu noch gut schmecken?! Absolut! Das Ergebnis ist ein unglaublich ausgewogener rauchig-bitter-süßlicher G&T, der sich nicht vor den anderen verstecken muss. Noch mehr Spaß macht es durch das Anzünden des Rosmarins.

↓

5 cl Tanqueray No. 10 Gin
2 dashes The Bitter Truth Rose Water
10 cl Thomas Henry Tonic Water

•

GARNITUR
Stängel Rosmarin (soll vor dem Servieren angezündet werden)

•

ZUBEREITUNG

Gin und The Bitter Truth Rose Water ins Longdrinkglas geben und kurz verrühren. Eis hinzufügen, mit Thomas Henry Tonic Water auffüllen und nochmals verrühren. Garnitur dazugeben, kurz anzünden, damit der Duft des Rosmarins sich entfaltet, dann servieren.

•

Glas: Longdrinkglas

GIN & TONIC – THE FRESCA

Der frische, fruchtige Gin & Tonic, der sich durch die Kombination Apfel mit Thymian auszeichnet, was hervorragend harmoniert, löst beim Anzünden des Thymians noch mal eine Extra-Aromaexplosion aus. Et voilà, G&T mal anders – und gesund! Ganz nach dem Motto: An apple a day …

↓

5 cl Tanqueray No. 10 Gin
2 dashes The Bitter Truth Tonic Bitters
10 cl Thomas Henry Tonic Water

•

GARNITUR
3 Scheiben frischer Apfel (Granny Smith)
2 Stängel Thymian (soll kurz angezündet werden)

•

ZUBEREITUNG

Gin und The Bitter Truth Tonic Bitters ins Longdrinkglas geben und kurz verrühren. Eis hinzufügen, mit Thomas Henry Tonic Water auffüllen und nochmals verrühren. Garnitur dazugeben und servieren. Tipp: Mit dem Apfel den Glasrand aromatisieren, um den Apfelgeschmack zu verstärken; den Thymian kurz anzünden, um dessen Geruch beim Trinken in die Nase zu bekommen.

•

Glas: Longdrinkglas

Vodka-Cocktails

Vodka ist nicht tot und war es nie. Er wird auf der Liste der beliebtesten Spirituosen weltweit bleiben, und der bekannte Spruch »Vodka pays the bills« – mit Vodka lässt sich der größte Reibach machen – trifft auf die Gastronomie zu wie die Faust aufs Auge. Zwei Länder beanspruchen diese Spirituose für sich – Polen oder Russland, wer hat sie wohl zuerst erfunden? Die Frage lässt sich nicht genau beantworten, immerhin destillieren diese beiden Staaten meiner Meinung nach die besten Vodkas. Aber auch ein bekannter französischer Hersteller ist auf meiner Liste der Top 3.

Vodka wird bekanntermaßen aus Getreide, Kartoffeln oder Melasse destilliert – neuerdings kommen ebenso Weintrauben zum Einsatz. Roggen, Weizen und Gerste sind die bekanntesten Sorten aus dem Getreidesegment. Kartoffeldestillate sind vergleichsweise schwerer und süßer, Melassendestillate deutlich im unteren Preissegment anzusiedeln und werden selten in guten Bars genutzt. Kalte oder warme Speisen, etwa eingelegte Pilze, Salzgurken, Fleischbällchen, Kartoffelpüree, Roggenbrot und Butter sowie säuerliches Obst passen hervorragend zum Vodka und können als Knabberei dazugereicht werden.

BLOODY MARY

Die berühmte Bloody Mary – der Kater-Killer. Der, den man bei zu viel oder falschem Alkoholkonsum bekommt und der viele Stunden oder gar den ganzen Tag andauern kann. Ich empfehle eine scharfe Mixtur mit mehreren Tropfen Tabasco, dazu ein paar Kräcker. Und wer hat's erfunden? Paris und New York streiten sich hier.

↓

6 cl Ketel One Vodka
1 cl frisch gepresster Zitronensaft
12 cl Tomatensaft von bester Qualität
6 dashes Worcestershiresauce
2 dashes Tabasco
1 Prise Salz
1 Prise schwarzer Pfeffer

•

GARNITUR
¼ Zitrone, Sellerie

•

ZUBEREITUNG
Im Shaker 2 Sekunden leicht shaken und sofort ohne Eis ins Longdrinkglas abseihen. Zitronenspalte auf den Drink legen.

•

Glas: Longdrinkglas

1921

Fernand Petoit,
Harry's New York Bar, Paris

COSMOPOLITAN

Natürlich denkt jeder sofort an Vodka und die berühmte Serie »Sex and the City«, denn dort wurde der Drink en masse konsumiert und dadurch das Leben der Damen in New York City durcheinandergebracht. Der typische Cocktail für Ladys, die noch vor dem Clubbesuch einen Cocktail trinken möchten.

↓

5 cl Ketel One Vodka
2 cl frisch gepresster Limettensaft
2 cl Cointreau
4 cl Cranberrysaft

•

GARNITUR
keine

•

ZUBEREITUNG
Im Shaker auf Eiswürfeln ca. 10 Sekunden kräftig schütteln und ins Glas abseihen.

•

Glas: Cocktailschale – Coupe

1934

Die Originalversion aus Tony Abou-Ganims *Travelling Mixologists* beinhaltet Gin statt Vodka und Himbeersirup. Sein Comeback erlebte der Drink in den späten 1990ern durch die Serie *Sex and the City*.

MOSCOW MULE

Wenn die Nacht mal länger gehen soll und man durchhalten möchte, ist das einer meiner Favoriten, den man trinken kann und sollte. Ich persönlich mag den Moscow Mule gerne aus dem Kupferbecher, mit einer Extrascheibe Gurke und einem Spritzer Angostura, doch das ist Geschmackssache. Die leichte Schärfe des Ingwers sollte man allerdings schon mögen.

↓

6 cl Ketel One Vodka
16–20 cl Thomas Henry Ginger Beer

•

GARNITUR
2 dünne Scheiben Gurke

•

ZUBEREITUNG
Im Glas vorsichtig verrühren.
Mit Gurkenscheiben garnieren.

•

Glas: Longdrinkglas oder Kupferbecher

1940

Brennerei Smirnoff

VESPER MARTINI

Geschüttelt, nicht gerührt … Wer kennt diesen Text nicht aus den legendären James-Bond-Filmen, wenn sich der Agent den berühmten Vodka Martini bestellt? Eine spezielle Variante ist der Vesper Cocktail, benannt nach der Frau seines Herzens – Vesper Lynd.

↓

4 cl Tanqueray No. 10 Gin
2 cl Ketel One Vodka
1 cl Lillet Blanc
optional: 2 dashes The Bitter Truth Orange Bitters

•

GARNITUR
Zitronenzeste

•

ZUBEREITUNG
Im Shaker auf Eiswürfeln ca. 10 Sekunden kräftig schütteln und ins Glas abseihen. Zitronenzeste über dem Drink ausdrücken und ins Glas geben.

•

Glas: Coupe

WHITE RUSSIAN

Ein Dessert auf Alkoholbasis gefällig? Mit einem Hauch leicht geschlagener Sahne, die vorsichtig auf dem Vodka-Kahlúa-Mix drapiert wird? Diese harmonischen zwei Schichten kann man Schluck für Schluck genießen, bis man sich den zweiten Drink bestellt.

↓

4 cl Ketel One Vodka
2 cl Kahlúa
Sahne

•

GARNITUR
keine

•

ZUBEREITUNG
Vodka und Kahlúa im Glas vorsichtig verrühren und mit leicht angeschlagener Sahne floaten.

•

Glas: Sherryglas

1945

Harper's Magazine

Vodka-Cocktails

Die Wahl des Ausgangsmaterials ist für viele eher eine Kosten- als eine Geschmacksfrage, denn die üblichen Brennmethoden ergeben meistens ein neutrales Destillat mit bis zu 96 % Alkohol.

Nach der Zugabe von Zucker wird das Destillat mit Aktivkohle oder anderen Stoffen gereinigt. Anschließend wird der Vodka mit Wasser auf Trinkstärke herabgesetzt.

Solange Vodka pur getrunken wird, kann man graduelle Unterschiede zwischen den verschiedenen Arten erkennen. Er sollte, um den Geschmack zu erhalten, nicht mit Fruchtsäften oder schweren Zutaten wie Sahne etc. gemischt werden, wobei es Cocktails gibt, die diese Zutaten benötigen.

Mein Favorit ist immer noch der Vodka Martini, mit ein bisschen trockenem Wermut und ein paar Spritzern Orangenbitter. Aber nicht in James-Bond-Manier, sondern gerührt statt geschüttelt. Ebenso schätze ich die Bloody Mary, allerdings eher am Morgen danach, wenn die Nacht etwas länger wurde ...

Black Russian

↓

6 cl Ketel One Vodka
3 cl Kahlúa

•

GARNITUR
keine

•

ZUBEREITUNG
Im Tumbler auf Eiswürfeln gut verrühren.

•

Glas: Tumbler – Old-Fashioned-Glas

Blue Lagoon

↓

4 cl Ketel One Vodka
2 cl Blue Curaçao
1 cl frisch gepresster Zitronensaft
10 cl Sprite

•

GARNITUR
¼ Zitrone

•

ZUBEREITUNG
Alle Zutaten außer Sprite ca. 10 Sekunden lang schütteln und ins Glas mit Eiswürfeln abseihen. Mit Sprite auffüllen und rühren.

•

Glas: Longdrinkglas

Bullfrog

(Dies ist eine von mir leicht abgeänderte Version des Originalrezepts.)

↓

6 cl Ketel One Vodka
12 cl Limonade (am besten hausgemachte Zitronenlimonade, alternativ Sprite)
¼ Limette

•

GARNITUR
¼ Limette

•

ZUBEREITUNG
Im Longdrinkglas gut verrühren. Limettenspalte über dem Drink ausdrücken und ins Glas geben.

•

Glas: Longdrinkglas

Bullshot

↓

6 cl Ketel One Vodka
0,5 cl frisch gepresster Zitronensaft
12 cl Rinderconsommé
6 dashes Worcestershiresauce
2 dashes Tabasco
1 Prise Salz
1 Prise schwarzer Pfeffer

•

GARNITUR
keine

•

ZUBEREITUNG
Im Shaker 2 Sekunden leicht shaken und sofort ohne Eis in das Longdrinkglas abseihen.

Glas: Longdrinkglas

1950er

USA

Clubland

4 cl Ketel One Vodka
4,5 cl weißer Port
2 dash The Bitter Truth Aromatic Bitters

GARNITUR
keine

ZUBEREITUNG
Im Rührglas auf Eiswürfeln ca. 10 Sekunden vorsichtig verrühren und ins Glas abseihen.

Glas: Martiniglas

1937

William J. Tarling, Café Royal Cocktail Book

Caipiroska

1 Limette
2 BL weißer Rohrzucker
6 cl Ketel One Vodka

GARNITUR
keine

ZUBEREITUNG
Limette achteln, ins Glas geben, mit Zucker überstreuen und vorsichtig zerdrücken. Crushed ice und Vodka dazugeben. Anschließend vorsichtig umrühren.

Glas: Tumbler – Old-Fashioned-Glas

Godmother

6 cl Ketel One Vodka
3 cl Amaretto

GARNITUR
keine

ZUBEREITUNG
Im Tumbler auf Eiswürfeln gut verrühren.

Glas: Tumbler – Old-Fashioned-Glas

God's Child

5 cl Ketel One Vodka
2 cl Amaretto
3 cl Sahne
1 cl Zuckersirup (siehe Seite 187)

GARNITUR
keine

ZUBEREITUNG
Im Shaker auf Eiswürfeln ca. 10 Sekunden kräftig schütteln und ins Glas auf crushed ice abseihen.

Glas: Cocktailschale – Coupe

Greyhound

6 cl Ketel One Vodka
16–20 cl Grapefruitsaft oder Grapefruitlimonade

GARNITUR
⅛ Grapefruit

ZUBEREITUNG
Im Longdrinkglas vorsichtig verrühren. Grapefruitspalte auf den fertigen Drink legen.

Glas: Longdrinkglas

Harvey Wallbanger

6 cl Ketel One Vodka
12 cl frisch gepresster Orangensaft
1 cl Galliano

GARNITUR
⅛ Orange

ZUBEREITUNG
Vodka und Orangensaft im Glas vorsichtig verrühren. Anschließend mit Galliano floaten. Orangenspalte auf den fertigen Drink legen.

•

Glas: Longdrinkglas

Kamikaze

↓

3 cl Ketel One Vodka
3 cl Triple Sec
3 cl frisch gepresster Limettensaft

•

GARNITUR
Limettenscheibe

ZUBEREITUNG
Alle Zutaten im Shaker 10 Sekunden lang schütteln und ins Glas mit Eiswürfeln abseihen.

•

Glas: Tumbler

Midnight in Moscow

↓

4 cl Ketel One Vodka
2 cl Blue Curaçao
4 cl frisch gepresster Grapefruitsaft
10 cl Thomas Henry Tonic Water

•

GARNITUR
¼ Orange

ZUBEREITUNG
Alle Zutaten außer Tonic Water ca. 10 Sekunden lang schütteln und ins Glas mit Eiswürfeln abseihen. Mit Tonic Water auffüllen und rühren.

•

Glas: Longdrinkglas

Polar Bear

↓

5 cl Ketel One Vodka
4 cl Sahne
2 cl Crème de Cacao weiß
1 BL leicht angeschlagene Sahne

•

GARNITUR
keine

•

ZUBEREITUNG
Im Shaker auf Eiswürfeln ca. 10 Sekunden kräftig schütteln und ins Glas abseihen.

•

Glas: Cocktailschale – Coupe

Salty Dog

↓

6 cl Ketel One Vodka
16–20 cl Grapefruitsaft oder Grapefruitlimonade

•

GARNITUR
Salz
⅛ Grapefruit

ZUBEREITUNG
Das Glas mit einem Salzrand versehen. Zutaten im Glas vorsichtig verrühren. Grapefruitspalte auf den fertigen Drink legen.

•

Glas: Longdrinkglas

Screwdriver

↓

6 cl Ketel One Vodka
15 cl frisch gepresster Orangensaft

•

GARNITUR
⅛ Orange

•

ZUBEREITUNG
Im Glas vorsichtig verrühren. Orangenspalte auf den fertigen Drink legen.

•

Glas: Longdrinkglas

1950er

Amerikanische Ölarbeiter, die im Persischen Golf eingesetzt waren, hatten keine Löffel zur Hand, also rührten sie mit Schraubenziehern um.

Springtime Cooler

↓

4 cl Ketel One Vodka
2 cl Blue Curaçao
6 cl frisch gepresster Orangensaft
3 cl frisch gepresster Zitronensaft
1 cl Zuckersirup

•

GARNITUR
Maraschino-Kirsche

•

ZUBEREITUNG
Alle Zutaten im Shaker 10 Sekunden lang schütteln und ins Glas mit Eiswürfeln abseihen.

•

Glas: Longdrinkglas

Swimmingpool

↓

4 cl Ketel One Vodka
2 cl Blue Curaçao
2 cl Sahne
2 cl Kokosnusscrème
10 cl Ananassaft

•

GARNITUR
Ananasstück

•

ZUBEREITUNG
Alle Zutaten außer Blue Curaçao im Shaker 10 Sekunden lang schütteln und ins Glas mit crushed ice abseihen. Mit Blue Curaçao floaten.

•

Glas: Longdrinkglas

1979

Created by *Charles Schumann*

Velvet Hammer

↓

3 cl Ketel One Vodka
3 cl Crème de Cacao braun
3 cl Sahne
1 cl Cointreau

•

GARNITUR
keine

•

ZUBEREITUNG
Im Shaker auf Eiswürfeln ca. 10 Sekunden kräftig schütteln und ins Glas abseihen.

•

Glas: Cocktailschale – Coupe

Vodka Gimlet

↓

4 cl Ketel One Vodka
2 cl Rose's Lime Juice
1 cl frisch gepresster Limettensaft

•

GARNITUR
keine

•

ZUBEREITUNG
Im Rührglas auf Eiswürfeln ca. 10 Sekunden vorsichtig verrühren und ins Glas abseihen.

•

Glas: Martiniglas

Vodkatini

↓

8 cl Ketel One Vodka
2 dashes Belsazar Dry Vermouth

•

GARNITUR
grüne Olive mit Stein oder Zitronenzeste

•

ZUBEREITUNG
Im Rührglas auf Eiswürfeln ca. 10 Sekunden vorsichtig verrühren, ins Glas abseihen und mit Olive bzw. Zitronenzeste garnieren.

•

Glas: Martiniglas

White Cloud

↓

5 cl Ketel One Vodka
5 cl Ananassaft von bester Qualität
2 cl Sahne
2 cl Crème de Cacao weiß

•

GARNITUR
keine

•

ZUBEREITUNG
Im Shaker auf Eiswürfeln ca. 10 Sekunden kräftig schütteln und ins Glas auf crushed ice abseihen.

•

Glas: Tumbler – Old-Fashioned-Glas

Whiskey-Cocktails

Whiskey, ob Bourbon oder Rye, Scotch Single Malt oder Scotch Blended, Irish Whiskey oder lieber ein deutscher Whiskey – wer den richtigen Riecher hat und auf die richtigen Produkte setzt, kann sich heutzutage mit Whiskey eine konstante Vermögensanlage schaffen. Gerade alte Abfüllungen sowie Abfüllungen von nicht mehr existenten Destillerien treiben die Preise auf ein Vielfaches hoch. Zum Mixen bevorzuge ich oft einen amerikanischen Roggen-(Rye-)Whiskey, der schön viele Ecken und Kanten hat und sich ausgezeichnet für Cocktails eignet. Dasselbe gilt für den Bourbon, der etwas süßer ist und anders als der Roggenwhiskey mit 51 % Maisanteil daherkommt. Single Malts sind mir zum Mixen zu schade – diese sind mehr zum puren Verkosten gedacht, dennoch gibt es den einen oder anderen torfigen Whiskey, mit dem ich ab und an gern auch mal einen Whiskey-Cocktail »floate«. Es braucht jahrelange Erfahrung, um einen Single Malt Whiskey für einen Cocktail einzusetzen.

VIEUX CARRÉ

Das »Alte Viertel«, wie sich Vieux Carré übersetzen lässt, ist das pittoreske französische Viertel in New Orleans, in dem sich viele klassische Cocktails entwickelt und etabliert haben. Einer davon ist der bekannte gleichnamige Cocktail Vieux Carré, der eine fantastische Harmonie mit Whiskey und Cognac bildet.

↓

3 cl Michter's Rye Whiskey
3 cl Hennessy VS
3 cl Belsazar Red Vermouth
0,5 cl Bénédictine
2 dashes The Bitter Truth Aromatic Bitters
2 dashes Peychaud Bitters oder The Bitter Truth Creole Bitters

•

GARNITUR
optional: Orangenzeste

•

ZUBEREITUNG
Im Rührglas auf Eiswürfeln ca. 10 Sekunden vorsichtig verrühren und ins Glas abseihen. Optional mit Orangenzeste garnieren.

•

Glas: Tumbler – Old-Fashioned-Glas

1937

Stanley Clisby Arthur,
Famous New Orleans Drinks

PENICILIN COCKTAIL

Sam Ross aus dem berühmten Milk & Honey war's, falls jemand »Wer hat's erfunden?« fragt. Der Drink mit dem markanten Namen ist ein Whiskey Sour, aber ein ganz besonderer – denn der torfige Whiskey, den man im Abgang wahrnimmt, macht diesen Drink einzigartig. Ein Cocktail für erfahrene Trinker!

↓

6 cl Michter's Bourbon Whiskey
2,5 cl frisch gepresster Zitronensaft
2 cl Honigsirup
(siehe Seite 187)
1 cl Scotch Islay Whiskey

•

GARNITUR
⅛ Zitrone
kandierter Ingwer

•

ZUBEREITUNG
Im Shaker auf Eiswürfeln ca. 10 Sekunden kräftig schütteln, ins Glas abseihen und mit Scotch Islay Whiskey floaten. Mit Zitronenspalte und Ingwer garnieren.

•

Glas: Tumbler – Old-Fashioned-Glas

2005

Sam Ross,
Milk & Honey,
New York

SAZERAC

Der Sazerac, der mit dem berühmten Bitter Peychaud's Bitters zubereitet wird und sich »offizieller Cocktail von Louisiana« nennt, wird in der Originalversion mit Cognac hergestellt. Einige Zeit später wurde er mit Whiskey gemixt und fand viele Fans. Nicht zu vergessen: Absinth, mit dem man das Glas vorher benetzt, um den Drink zusätzlich zu aromatisieren.

↓

6 cl Michter's Rye Whiskey
2 dashes Absinth
1 Stück Würfelzucker
(alternativ: 1 cl Zuckersirup, siehe Seite 187)
6 dashes Peychaud's Bitters
(alternativ: The Bitter Truth Creole Bitters)

•

GARNITUR
Zitronenzeste

•

ZUBEREITUNG
Tumbler mit Absinth ausschwenken. Whiskey, Zucker und Bitters im Rührglas ca. 10 Sekunden vorsichtig verrühren und ins Glas ohne Eis abseihen. Mit Zitronenzeste garnieren.

•

Glas: Tumbler – Old-Fashioned-Glas

1908

William Boothby,
The World Drinks and How to Mix Them

MANHATTAN

Wenn ein klassischer Aperitif-Cocktail neben dem Negroni oder einem anderen italienischen Bitter-Klassiker nicht fehlen darf, so kann es nur der Manhattan sein. Richtig zubereitet ein Drink zum Niederknien, und so kann es schnell passieren, dass die Vorspeise erst weit nach 23 Uhr serviert wird …

↓

6 cl Michter's Rye Whiskey
3 cl Belsazar Red Vermouth
2 dashes The Bitter Truth Orange Bitters

•

GARNITUR
Zitronenzeste

•

ZUBEREITUNG
Im Rührglas auf Eiswürfeln ca. 10 Sekunden vorsichtig verrühren, ins Glas abseihen und mit Zitronenzeste garnieren.

•

Glas: Cocktailschale – Coupe

1870er

Wo der Drink erfunden wurde, ist ungeklärt.

ELSAZAR

WHISKEY SOUR

Ein Standard in jeder Bar und dennoch für viele eine Meisterarbeit. »Mix mir einen Whiskey Sour, und ich sage dir …« – der Whiskey Sour dient als Referenzdrink schlechthin. David Wondrich, einer der bekanntesten Bar- und Cocktail-Historiker der Welt, bezeichnete den Whiskey Sour mal als Fried Egg Sandwich der amerikanischen Mixologie.

↓

6 cl Michter's Rye Whiskey
3 cl frisch gepresster Zitronensaft
2 cl Zuckersirup (siehe Seite 187)

•

GARNITUR
⅛ Zitrone

•

ZUBEREITUNG
Im Shaker auf Eiswürfeln ca. 10 Sekunden kräftig schütteln und ins Glas abseihen. Mit Zitrone garnieren.

•

Glas: Tumbler – Old-Fashioned-Glas

1870

Wisconsin Newspaper

OLD FASHIONED COCKTAIL

Zweifellos mit dem Martini Cocktail gemeinsam der König der Cocktails. Der Old Fashioned lässt sich außerdem gut abwandeln – etwa durch die Fat-Washing-Technik, die ich gerne anwende, um andere Aromen mit ins Spiel zu bringen. Doch eigentlich braucht es nicht mehr als Whiskey, Bitters und Zucker. Ach ja: Die Öle einer Zitrusfrucht sollte man nicht vergessen, quasi als Kirsche auf der Sahnetorte.

↓

6 cl Michter's Rye Whiskey
1 Zuckerwürfel (alternativ: 1 cl Zuckersirup, siehe Seite 187)
2–3 dashes Angostura Bitters

•

GARNITUR
Zitronen- oder Orangenschale

•

ZUBEREITUNG
Im Rührglas ca. 10 Sekunden auf Eiswürfeln vorsichtig verrühren und ins Glas abseihen. Zitronen- oder Orangenschale über dem Drink ausdrücken und ins Glas geben.

•

Glas: Tumbler – Old-Fashioned-Glas

1888

Theodore Proulx,
The Bartender's Manual

WHISKEY SMASH

Ein Whiskey Sour mit Minze und doch ein anderes Getränk ist der Whiskey Smash. Er ähnelt sehr dem Mint Julep, außer dass die Säure hier eine gewichtigere Rolle spielt, während sich der Mint Julep eher auf die Harmonie mit dem Eis konzentriert. Kurz und sehr hart sollte der Smash geshakert werden, um das maximale Aroma aus der Minze zu bekommen.

↓

6 cl Michter's Rye Whiskey
3 cl frisch gepresster Zitronensaft
2 cl Zuckersirup (siehe Seite 187)
10 Minzblätter

•

GARNITUR
Minzzweig

•

ZUBEREITUNG
Im Shaker auf Eiswürfeln ca. 10 Sekunden kräftig schütteln und ins Glas auf crushed ice abseihen. Mit Minzzweig garnieren.

•

Glas: Tumbler – Old-Fashioned-Glas

1888

Harry Johnson

HORSE'S NECK

Whiskey und Filler … Nein, nicht Cola, sondern ein nicht so gängiges Getränk hier in Deutschland kommt zum Einsatz, das Ginger-Ale. Pur eine Köstlichkeit, in Verbindung mit Whiskey eine Offenbarung. Das leichte Prickeln des Ginger-Ale mit dem dominanten Whiskey-Geschmack ergibt eine sinnliche Harmonie, wobei der »Pferdenacken« hier in Form einer Zitrone nicht zum Bruch des Drinks führen, sondern ein leichtes Säurearoma beisteuern soll.

↓

6 cl Michter's Bourbon Whiskey
15 cl Ginger-Ale
5 dashes The Bitter Truth Aromatic Bitters

•

GARNITUR
lang gezogene Zitronenzeste

•

ZUBEREITUNG
Im Longdrinkglas verrühren und mit Zitronenzeste garnieren.

•

Glas: Longdrinkglas

Whiskey-Cocktails

Heute vermutet man, dass bereits im 5. bis 6. Jahrhundert christliche Mönche ihr Wissen um die Whiskey-Destillation nach Irland und Schottland brachten. Malzbrand als Vorläufer des heutigen Whiskeys wurde um 1500 produziert, doch erst nach etwa 400`Jahren wurden die heutigen Produktionsschritte etabliert.

Die Schotten und die Iren waren es auch, die das Wissen um die Whiskey-Herstellung Mitte des 18. Jahrhunderts in die noch jungen USA brachten. Die ersten Whiskey-Cocktails entstanden demnach in den Vereinigten Staaten, und zwar als Mischung mit Zucker und Bitter, um den rauen Whiskey trinkbarer zu machen.

Whiskey wird in kurzen Worten folgendermaßen hergestellt: Getreide wird mithilfe von Wasser und Hefe zum Gären gebracht und bei einem Alkoholgehalt von 3 – 9% destilliert.

Anbaugebiet, Getreideart, Wasser, Fass und Lagerzeit spielen bei den unterschiedlichen Produkten und Arten eine große Rolle. Das Wort Whisk(e)y leitet sich vom schottisch-gälischen »uisge beatha« ab, was so viel wie Lebenswasser bedeutet. Die Schreibweise ist in Schottland und Kanada »Whisky«, Irland und die USA hingegen schreiben „Whiskey«.

À La Louisiane

↓

6 cl Michter's Rye Whiskey
2,5 cl Belzasar Red Vermouth
1 cl Bénédictine
3 dashes Peychaud's Bitters
3 dashes Absinth

•

GARNITUR
Maraschino-Kirsche

•

ZUBEREITUNG
Im Rührglas auf Eiswürfeln ca. 10 Sekunden vorsichtig verrühren und ins Glas abseihen.

•

Glas: Martiniglas

•

Hauscocktail New Orleans La Louisiane

Blood and Sand

↓

4 cl Scotch Whiskey
3 cl frisch gepresster Orangensaft
2 cl Cherry Heering
2 cl Belsazar Red Vermouth
1 Prise schwarzer Pfeffer

•

GARNITUR
keine

•

ZUBEREITUNG
Im Shaker auf Eiswürfeln ca. 10 Sekunden kräftig schütteln und ins Glas abseihen.

•

Glas: Cocktailschale – Coupe

1930

Harry Craddock, The Savoy Cocktail Book

Boston Sour

↓

6 cl Michter's Rye Whiskey
3 cl frisch gepresster Zitronensaft
2 cl Zuckersirup (siehe Seite 187)
1 Eiweiß

•

GARNITUR
Stielkirsche

•

ZUBEREITUNG
Im Shaker auf Eiswürfeln ca. 10 Sekunden kräftig schütteln, ins Glas abseihen. Mit Stielkirsche garnieren.

•

Glas: Tumbler – Old-Fashioned-Glas

Boulevardier

↓

3 cl Michter's Bourbon Whiskey
3 cl Campari
3 cl Belsazar Red Vermouth

•

GARNITUR
Orangenzeste

•

ZUBEREITUNG
Im Tumbler vorsichtig verrühren. Mit Orangenzeste garnieren.

•

Glas: Tumbler – Old-Fashioned-Glas

1927

Harry MacElhone, Barflies and Cocktails

Bourbon Highball

↓

6 cl Michter's Bourbon Whiskey
15 cl Ginger-Ale

•

GARNITUR
lang gezogene Zitronenzeste

•

ZUBEREITUNG
Im Longdrinkglas verrühren und mit Zitronenzeste garnieren.

•

Glas: Longdrinkglas

Brooklyn

↓

6 cl Michter's Rye Whiskey
2 cl Belsazar Dry Vermouth
1,5 cl Amer Picon
1 cl Maraschino

•

GARNITUR
Zitronenzeste

•

ZUBEREITUNG
Im Rührglas auf Eiswürfeln ca. 10 Sekunden vorsichtig verrühren und ins Glas abseihen. Mit Zitronenzeste garnieren.

•

Glas: Cocktailschale – Coupe

1910

Jack Grohusko, Jack's Manual

Brown Derby

↓

5 cl Michter's Bourbon
3 cl frisch gepresster Grapefruitsaft
1 cl Honigsirup (siehe Seite 187)

•

GARNITUR
Grapefruitzeste

•

ZUBEREITUNG
Alle Zutaten im Shaker 10 Sekunden lang schütteln und ins Glas mit Eiswürfeln abseihen.

•

Glas: Coupette

Georgia Mint Julep

↓

10 Minzblätter
1 cl Zuckersirup (siehe Seite 187)
6 cl Michter's Bourbon Whiskey
1 cl Apricot Brandy

•

GARNITUR
Minzzweig

•

ZUBEREITUNG
Im Becher Minzblätter mit Zuckersirup übergießen und zerdrücken. Whiskey und Apricot Brandy dazugeben, mit crushed ice auffüllen und verrühren. Mit Minzzweig garnieren.

•

Glas: Julepbecher

1840

Captain Frederick Marryat, Second Series of a Diary in America

Godfather

↓

6 cl Michter's Bourbon Whiskey
3 cl Amaretto

•

GARNITUR
keine

•

ZUBEREITUNG
Im Tumbler auf Eiswürfeln gut verrühren.

•

Glas: Tumbler – Old-Fashioned-Glas

Golden Nail

↓

6 cl Michter's Bourbon Whiskey
3 cl Southern Comfort
2 dashes The Bitter Truth Orange Bitters

GARNITUR
keine

•

ZUBEREITUNG
Im Tumbler auf Eiswürfeln gut verrühren.

•

Glas: Tumbler – Old-Fashioned-Glas

Irish Coffee

↓

4 cl Irish Whiskey
2 BL brauner Zucker
1 doppelter Espresso

•

GARNITUR
leicht angeschlagene Sahne

ZUBEREITUNG
Irish Whiskey mit braunem Zucker erhitzen, bis sich der Zucker auflöst. Mit Espresso auffüllen und mit Sahne garnieren.

•

Glas: Irish-Coffee-Glas

1940

Joe Sheridan,
Restaurant Foynes

Lion's Tail

↓

6 cl Michter's Bourbon
1 cl The Bitter Truth Pimento Dram
1 cl frisch gepresster Limettensaft
1 cl Zuckersirup (siehe Seite 187)
4 dashes The Bitter Truth Aromatic Bitters

•

GARNITUR
Orangenzeste

ZUBEREITUNG
Alle Zutaten im Shaker 10 Sekunden lang schütteln und ins Glas mit Eiswürfeln abseihen.

•

Glas: Martiniglas

Little Italy

↓

6 cl Irish Whiskey
2 cl Belsazar Red Vermouth
1 cl Cynar

•

GARNITUR
Orangenzeste

•

ZUBEREITUNG
Im Rührglas auf Eiswürfeln ca. 10 Sekunden vorsichtig verrühren und ins Glas abseihen. Mit Orangenzeste garnieren.

•

Glas: Cocktailschale – Coupe

•

Pegu Club, New York

London Sour

↓

6 cl Michter's Bourbon Whiskey
3 cl frisch gepresster Zitronensaft
2 cl Zuckersirup (siehe Seite 187)

•

GARNITUR
Stielkirsche

ZUBEREITUNG
Im Shaker auf Eiswürfeln ca. 10 Sekunden kräftig schütteln und ins Glas abseihen. Mit Stielkirsche garnieren.

•

Glas: Tumbler – Old-Fashioned-Glas

Longshoreman

↓

6 cl Michter's Rye Whiskey
1,5 cl Averna Amaro
1,5 cl Punt e Mes

•

GARNITUR
flambierte Orangenzeste

•

ZUBEREITUNG
Im Rührglas auf Eiswürfeln ca. 10 Sekunden vorsichtig verrühren und ins Glas abseihen.

•

Glas: Martiniglas

1870er

Wo der Drink erfunden wurde, ist unklar.

Manhattan Perfect

↓

5 cl Michter's Bourbon Whiskey
2 cl Belsazar Red Vermouth
2 cl Belsazar Dry Vermouth
2 dashes The Bitter Truth Aromatic Bitters

GARNITUR
Stielkirsche

•

ZUBEREITUNG
Im Rührglas auf Eiswürfeln ca. 10 Sekunden vorsichtig verrühren und ins Glas abseihen. Mit Stielkirsche garnieren.

•

Glas: Cocktailschale – Coupe

1870er

Wo der Drink erfunden wurde, ist ungeklärt.

Millionaire

↓

5 cl Michter's Bourbon Whiskey
2 cl frisch gepresster Zitronensaft
1 cl Triple Sec
1 cl Grenadine
1 Eiweiß

•

GARNITUR
keine

•

ZUBEREITUNG
Im Shaker auf Eiswürfeln ca. 10 Sekunden kräftig schütteln und ins Glas abseihen.

•

Glas: Cocktailschale – Coupe

ca. 1870er

Der Drink wurde während der Prohibition erfunden.

Mint Julep

↓

10 Minzblätter
1 cl Zuckersirup (siehe Seite 187)
6 cl Michter's Bourbon Whiskey

•

GARNITUR
Minzzweig

•

ZUBEREITUNG
Im Becher Minzblätter mit Zuckersirup übergießen und zerdrücken. Whiskey dazugeben, mit crushed ice auffüllen und verrühren. Mit Minzzweig garnieren.

•

Glas: Julepbecher

1840

Captain Frederick Marryat, Second Series of a Diary in America

---

Morning Glory Fizz

↓

6 cl Michter's Bourbon Whiskey
3 cl frisch gepresster Zitronensaft
2 cl Zuckersirup (siehe Seite 187)
1 dash Pernod oder Absinth
1 Eiweiß
6–8 cl Thomas Henry Soda Water

•

GARNITUR
¼ Zitrone
Stielkirsche

ZUBEREITUNG
Alle Zutaten außer Soda im Shaker auf Eiswürfeln ca. 10 Sekunden kräftig schütteln, mit Soda auffüllen und ins Glas abseihen. Mit Zitronenspalte und Stielkirsche garnieren.

•

Glas: Longdrinkglas

1900

Harry Johnson, Bartenders' Manual

Mother in Law

↓

6 cl Michter's Bourbon Whiskey
0,5 cl Cointreau
0,5 cl Maraschino
0,5 cl Zuckersirup (siehe Seite 187)
0,5 cl Amer Picon
2 dashes Peychaud's Bitters oder The Bitter Truth Creole Bitters
2 dashes The Bitter Truth Aromatic Bitters

•

GARNITUR
Stielkirsche

•

ZUBEREITUNG
Im Rührglas auf Eiswürfeln ca. 10 Sekunden vorsichtig verrühren und ins Glas abseihen. Mit Stielkirsche garnieren.

•

Glas: Martiniglas

1895

New Orleans

Nat King Cole

↓

6 cl Michter's Rye Whiskey
3 cl Belsazar Red Vermouth
1 cl Fernet Branca
2 dashes The Bitter Truth Orange Bitters
6 cl Thomas Henry Soda Water

•

GARNITUR
Orangenzeste

•

ZUBEREITUNG
Alle Zutaten außer Soda im Tumbler vorsichtig verrühren und mit Soda auffüllen. Mit Orangenzeste garnieren.

•

Glas: Tumbler – Old-Fashioned-Glas

New Yorker

↓

6 cl Michter's Bourbon Whiskey
½ Limette
1 cl Grenadine

•

GARNITUR
Orangenzeste

•

ZUBEREITUNG
Bourbon Whiskey in den Tumbler geben. Limette auspressen, mit Grenadine floaten und vorsichtig verrühren. Mit Orangenzeste garnieren.

•

Glas: Tumbler – Old-Fashioned-Glas

Presbyterian

↓

6 cl Michter's Bourbon Whiskey
10 cl Ginger-Ale
5 cl Club Soda
2 dashes The Bitter Truth Aromatic Bitters

•

GARNITUR
keine

•

ZUBEREITUNG
Im Longdrinkglas vorsichtig verrühren.

•

Glas: Longdrinkglas

Rattlesnake

↓

6 cl Michter's Bourbon Whiskey
3 cl frisch gepresster Zitronensaft
2 cl Zuckersirup (siehe Seite 187)
1 dash Absinth
1 Eiweiß

•

GARNITUR
keine

•

ZUBEREITUNG
Im Shaker auf Eiswürfeln ca. 10 Sekunden kräftig schütteln und ins Glas abseihen.

•

Glas: Cocktailschale – Coupe

1930

Harry Craddock,
The Savoy Cocktail Book
American Bar, Savoy Hotel, London

Remember the Maine

↓

6 cl Michter's Rye Whiskey
2 cl Belzasar Red Vermouth
0,5 cl Cherry Heering Liqueur
3 dashes Absinth

•

GARNITUR
Maraschino-Kirsche

•

ZUBEREITUNG
Im Rührglas auf Eiswürfeln ca. 10 Sekunden vorsichtig verrühren und ins Glas abseihen.

•

Coupette

1939

Charles H. Baker, Jr's,
The Gentleman's Companion

Rusty Nail

↓

6 cl Michter's Bourbon Whiskey
3 cl Drambuie

•

GARNITUR
keine

•

ZUBEREITUNG
Im Tumbler vorsichtig verrühren.

•

Glas: Tumbler – Old-Fashioned-Glas

1799

Rusty and Dusty Nail

Scoff Law

↓

6 cl Michter's Rye Whiskey
3 cl Belsazar Dry Vermouth
1 cl frisch gepresster Limettensaft
2 dashes Grenadine
2 dashes The Bitter Truth Orange Bitters

•

GARNITUR
optional: Orangenzeste

•

ZUBEREITUNG
Im Rührglas auf Eiswürfeln ca. 10 Sekunden vorsichtig verrühren, ins Glas abseihen und optional mit Orangenzeste garnieren.

•

Glas: Cocktailschale – Coupe

1927

Harry MacElhone, Barflies and Cocktails

T.N.T.

↓

5 cl Michter's Bourbon Whiskey
2 cl Pernod oder Absinth

•

GARNITUR
keine

•

ZUBEREITUNG
Im Tumbler vorsichtig verrühren.

•

Glas: Tumbler – Old-Fashioned-Glas

Waldorf Astoria Eggnog

↓

5 cl Michter's Bourbon Whiskey
2 cl Tawny Port
1 cl Zuckersirup (siehe Seite 187)
8 cl Milch
1 cl Sahne
2 Eigelb

•

GARNITUR
Muskatnuss

ZUBEREITUNG
Im Shaker auf Eiswürfeln ca. 10 Sekunden kräftig schütteln und ins Glas abseihen. Muskatnuss über den fertigen Drink reiben.

•

Glas: Longdrinkglas oder ein Eggnog-Glas

1935

Albert Stevens Crockett, The Old Waldorf-Astoria Barbook

TH

Tequila-Cocktails

Vorbei sind die Tage, in denen wir uns noch im Supermarkt die Flasche mit dem mexikanischen Hütchen besorgt hatten, um in den Genuss und Rausch eines Tequilas zu kommen. »100 % Agave« heißt das Zauberwort auf dem Etikett, das bereits ankündigt, dass die Spirituose aus dem Herzen der blauen Agave gewonnen wird und mit keinerlei künstlichen Zusätzen versetzt ist. Das spürt man auch im Geschmack, sobald man mal eines dieser Destillate getrunken hat – pur oder in Cocktails, beides ein Genuss. Salz, Zimt, Zitronen und Limetten, irgendetwas abzubeißen oder abzuschlecken ist heute nicht mehr angesagt, denn dies würde die hervorragenden Aromen eines guten Tequilas übertönen. Blanco, Reposado, Anejo und Extra-Anejo stehen für die vier Reifegrade, die ein Tequila durchläuft, wobei wir Blanco und Reposado eher zum Mixen verwenden und Anejo sowie Extra-Anejo vorwiegend pur trinken. Die legendäre Raupe – nicht der Wurm, wie es so oft heißt – steckt nicht in Tequila-, sondern in Mezcal-Flaschen. Tequila, der zu 80 % aus dem Bundesstaat Jalisco stammt, ist mit mehr als 900 Sorten und über 130 Herstellern eines der größten Alkoholdestillate.

MARGARITA

Salz auf den Handrücken, eine Viertellimette in den Mund und runter mit dem minderwertigen Tequila-Shot. Nein, auch wenn sich die Zutaten ähneln, wird die Margarita anders verköstigt. Denn hochwertiger Tequila aus 100 % Agave ergibt mit der leichten Säure aus Limetten und der Süße eines Orangenlikörs einen der leckersten Cocktails auf Tequila-Basis. Und wer das Salz nicht missen möchte, garniert den Glasrand mit einem Hauch Meersalzflocken.

↓

6 cl Casamigos Blanco Tequila
2 cl frisch gepresster Limettensaft
2 cl Triple Sec

•

GARNITUR
Salz

•

ZUBEREITUNG
Das Glas mit einem Salzrand versehen. Zutaten im Shaker auf Eiswürfeln ca. 10 Sekunden kräftig schütteln und ins Glas abseihen.

•

Glas: Cocktailschale – Coupe

1953

Esquire Magazine

TOMMY'S MARGARITA

Eine Margarita, die ihresgleichen sucht, ist die Version von Toby Cecchini. Denn in Tommy's Margarita wird der Orangenlikör durch Agavendicksaft ersetzt, der – wie der Name schon sagt – aus der Agavenpflanze gewonnen wird, so wie der Tequila selbst. Leicht und süffig, ist diese Margarita der perfekte Drink, um den Sommer in vollen Zügen zu genießen.

↓

6 cl Casamigos Tequila
3 cl frisch gepresster Limettensaft
2 cl Agavendicksaft oder -sirup

•

GARNITUR
keine

•

ZUBEREITUNG
Im Shaker auf Eiswürfeln ca. 10 Sekunden kräftig schütteln und ins Glas abseihen.

•

Glas: Tumbler – Old-Fashioned-Glas

•

Tommy's Restaurant,
San Francisco

TH

PALOMA

Die Paloma wird aufgrund ihrer einfachen Zubereitung auch »Lazy Man's Margarita« genannt. Süße, Säure und Salz machen diesen Drink zu einem der besten Sommercocktails überhaupt. Die darin enthaltene Grapefruitlimonade kam in den 1950er-Jahren in die USA, die Paloma an sich wurde jedoch erst 1997 in dem Buch* A Cook's Tour of Mexico *erwähnt.

↓

5 cl Casamigos Blanco Tequila
15 cl Grapefruitlimonade
2 cl frisch gepresster Limettensaft
1 BL Fleur de Sel

•

GARNITUR
Grapefruitzeste

•

ZUBEREITUNG
Im Longdrinkglas vorsichtig verrühren und mit Grapefruitzeste garnieren.

•

Glas: Longdrinkglas

1953

Esquire Magazine

Tequila-Cocktails

Tequila ist eine mexikanische Agavenspirituose mit mindestens 38 % Alkohol. Hergestellt werden darf die Spirituose ausschließlich im Bundesstaat Jalisco sowie in bestimmten Gemeinden. Nur die Blaue Weberagave, die in Jalisco und in den Gemeinden geerntet wird, ist als Ausgangsmaterial zugelassen. Zehn Jahre oder länger kann es dauern, bis die Pflanze reif ist und geerntet werden kann, und zwar nur einmal. Dabei wird lediglich das Herzstück der Agave verarbeitet. Diese sogenannte Piña wird gegart, gemahlen, eingemaischt und anschließend vergoren und destilliert.

Schon um 1000 v. Chr. tranken Menschen im südamerikanischen Raum den Saft der Agaven, besonders die Azteken benutzten ihn als Rauschmittel.

Tequila war ursprünglich eine spezielle Art des Mezcal, heute ist er eine eigenständige Spirituose. Volles Agavenaroma kann sich nur bei »100 %« Agave entfalten – diese Etikettierung gewährleistet, dass der Tequila in Mexiko produziert und abgefüllt wurde und keinen Fremdzucker enthält. Mit diesen hochwertigen Tequilas etabliert sich die Spirituose im internationalen Markt im oberen Segment.

Ich empfehle, nur diese Art von Tequilas zu konsumieren, da bei Mixturen der Reinheitsgehalt des Tequilas minderwertiger ist, was am nächsten Morgen zu Kopfschmerzen führen kann.

Anejo Manhattan

↓

6 cl Casamigos Anejo
2,5 cl Belzasar Red Vermouth
1 dash The Bitter Truth Aromatic Bitters
1 dash The Bitter Truth Orange Bitters

•

GARNITUR
Maraschino-Kirsche,
mit Scheibe Salami umantelt

•

ZUBEREITUNG
Im Rührglas auf Eiswürfeln ca. 10 Sekunden vorsichtig verrühren und ins Glas abseihen.

•

Glas: Martiniglas

Blood Orange Margarita

↓

4,5 cl Casamigos Blanco Tequila
2,5 cl Triple Sec
1 cl Campari
2 cl frisch gepresster Blutorangensaft
2,5 cl frisch gerpresster Limettensaft
0,5 cl Zuckersirup

•

GARNITUR
Salzrand
¼ Blutorange

ZUBEREITUNG
Alle Zutaten im Shaker 10 Sekunden lang schütteln und ins Glas mit Eiswürfeln abseihen.

•

Glas: Martiniglas

Brave Bull

↓

4 cl Casamigos Blanco Tequila
2 cl Tia Maria

•

TOPPING
1 EL leicht angeschlagene Sahne

•

GARNITUR
keine

•

ZUBEREITUNG
Tequila und Tia Maria im Rührglas auf Eiswürfeln ca. 10 Sekunden vorsichtig verrühren und ins Glas abseihen. Anschließend die leicht angeschlagene Sahne darüberheben.

•

Glas: Sherryglas

1960

Chapala

↓

5 cl Casamigos Blanco Tequila
2 cl frisch gepresster Zitronensaft
0,5 cl Grenadine
0,5 cl Triple Sec
6 cl Orangensaft

•

GARNITUR
⅛ Orange

•

ZUBEREITUNG
Im Shaker auf Eiswürfeln ca. 10 Sekunden kräftig schütteln und ins Longdrinkglas auf crushed ice abseihen. Mit Orangenspalte garnieren.

•

Glas: Longdrinkglas

El Diablo

↓

5 cl Casamigos Blanco Tequila
1 cl frisch gepresster Limettensaft
15 cl Thomas Henry Ginger Beer oder Ginger-Ale
1 cl Crème de Cassis

•

GARNITUR
¼ Limette

ZUBEREITUNG
Tequila, Limettensaft und Ginger Beer im Longdrinkglas vorsichtig verrühren. Anschließend mit Crème de Cassis floaten und die Limettenspalte obendrauf geben.

•

Glas: Longdrinkglas

1946

Victor Bergeron,
Trader Vic's Book of Food and Drink

El Torado

↓

6 cl Casamigos Reposado Tequila
1,5 cl Belsazar Dry Vermouth
4,5 cl frisch gepresster Apfelsaft

•

GARNITUR
Apfelscheibe

•

ZUBEREITUNG
Alle Zutaten im Shaker 10 Sekunden lang schütteln und ins Glas ohne Eiswürfel abseihen.

•

Glas: Martiniglas

Estilo Viejo

↓

6 cl Casamigos Reposado Tequila
1 cl Agavendicksaft
2 dashes The Bitter Truth Aromatic Bitters

•

GARNITUR
Grapefruitzeste

•

ZUBEREITUNG
Im Rührglas auf Eiswürfeln ca. 10 Sekunden vorsichtig verrühren und ins Glas abseihen. Mit Grapefruitzeste garnieren.

Glas: Tumbler – Old-Fashioned-Glas

2005

Henry Besant & Andres Masso,
Margarita Rocks

Mexicana

↓

6 cl Casamigos Blanco Tequila
4 cl Ananassaft von bester Qualität
2 cl frisch gepresster Zitronensaft
1 cl Grenadine

•

GARNITUR
keine

•

ZUBEREITUNG
Im Shaker auf Eiswürfeln ca. 10 Sekunden kräftig schütteln und ins Glas abseihen.

Glas: Tumbler – Old-Fashioned-Glas

1987

Mike Colani, Steppenwolf, Hamburg

New York Minute

↓

5 cl Casamigos Blanco Tequila
2 cl Belzsasar Red Vermouth
1,5 cl Luxardo Maraschino Liqueur
0,5 cl Zuckersirup
1 dash The Bitter Truth Aromatic Bitters

•

GARNITUR
Zitronen- und Orangenzeste
3 Kaffeebohnen

•

ZUBEREITUNG
Im Rührglas auf Eiswürfeln ca. 10 Sekunden vorsichtig verrühren und ins Glas abseihen.

•

Glas: Tumbler – Coupette

Oaxaca Old Fashioned

↓

5 cl Casamigos Reposado Tequila
1,5 cl Mezcal
0,75 cl Agavendicksaft
1 dash The Bitter Truth Aromatic Bitters

GARNITUR
flambierte Orangenzeste

•

ZUBEREITUNG
Im Rührglas auf Eiswürfeln ca. 10 Sekunden vorsichtig verrühren und ins Glas abseihen.

•

Glas: Tumbler

Picador

↓

6 cl Casamigos Blanco Tequila
2 cl frisch gepresster Limetten- oder Zitronensaft
2 cl Cointreau

•

GARNITUR
keine

•

ZUBEREITUNG
Im Shaker auf Eiswürfeln ca. 10 Sekunden kräftig schütteln und ins Glas abseihen.

•

Glas: Cocktailschale – Coupe

1937

William J. Tarling, Café Royal Cocktail Book

Rosita

↓

4 cl Casamigos Blanco Tequila
1 cl Campari
1 cl Belsazar Dry Vermouth
1 cl Belsazar Red Vermouth
2 dashes The Bitter Truth Aromatic Bitters

•

TOPPING
Thomas Henry Soda Water

•

GARNITUR
keine

•

ZUBEREITUNG
Im Rührglas auf Eiswürfeln ca. 10 Sekunden vorsichtig verrühren, ins Glas abseihen und mit Soda toppen.

•

Glas: Cocktailschale – Coupe

1988

Leo Cotton, Old Mr. Boston De Luxe Official Bartender's Guide

---

South of the Border

↓

4 cl Casamigos Blanco Tequila
2 cl Tia Maria
2 cl frisch gepresster Limettensaft

GARNITUR
keine

ZUBEREITUNG
Im Tumbler vorsichtig verrühren.

Glas: Tumbler – Old-Fashioned-Glas

Tequila Matador

4 cl Casamigos Blanco Tequila
1 cl Triple Sec
2 cl frisch gepresster Limettensaft
1 cl Zuckersirup (siehe Seite 187)
2 cl Ananassaft von bester Qualität

GARNITUR
Ananasscheibe

ZUBEREITUNG
Im Shaker auf Eiswürfeln ca. 10 Sekunden kräftig schütteln und ins Glas auf crushed ice abseihen. Mit Ananas garnieren.

Glas: Tumbler – Old-Fashioned-Glas

Tequila Mockingbird

5 cl Casamigos Blanco Tequila
1 cl Crème de Menthe Verte
2 cl frisch gepresster Limettensaft
5 cl Thomas Henry Soda Water

GARNITUR
keine

ZUBEREITUNG
Im Tumbler vorsichtig verrühren.

Glas: Tumbler – Old-Fashioned-Glas

Tequila Sunrise

6 cl Casamigos Blanco Tequila
12 cl frisch gepresster Orangensaft
1 cl Grenadine
1 cl frisch gepresster Limettensaft

GARNITUR
¼ Orange

ZUBEREITUNG
Alle Zutaten außer Grenadine in das Longdrinkglas geben und kurz verrühren. Mit der Grenadine floaten.

Glas: Longdrinkglas

Toreador

6 cl Casamigos Blanco Tequila
3 cl Apricot Brandy
3 cl frisch gepresster Limettensaft

GARNITUR
Salz

ZUBEREITUNG
Das Glas mit einem Salzrand versehen. Zutaten im Tumbler vorsichtig verrühren. Im Shaker auf Eiswürfeln ca. 10 Sekunden kräftig schütteln und ins Glas abseihen.

Glas: Cocktailschale – Coupe

1937

William J. Tarling,
Café Royal Cocktail Book

Rum-Cocktails

Beim ersten Gedanken an einen Rum-Cocktail kommt vielen der Klassiker Mojito in den Sinn. Das ist durchaus berechtigt, denn diese Kreation ist weltweit der am meisten getrunkene Rum-Cocktail und zählt auch zu meinen Lieblingsdrinks – sofern er denn richtig zubereitet wird. Rum wird aus Melasse hergestellt, mit Ausnahme des Rhum agricole, der aus frischem Zuckerrohrsaft gewonnen wird – aus Letzterem zubereitet, ist ein Ti Punch Cocktail jede Sünde wert. Im 17. Jahrhundert in der Karibik erfunden, hat Rum, auch geläufig unter den Namen Ron und Rhum, mittlerweile so einige Schreibweisen. Erstmals erwähnt wurde er vom jamaikanischen Gouverneur unter dem Begriff »rumbullion«. Die Royal Navy, die bis 1970 jeden Mittag ihre »Rum-Ration« bekam, trank den Rum mit heißem Wasser. Dieses typische Seefahrergetränk fand unter dem Begriff »Grog« Eingang in die Cocktail-Geschichte. Ab dem Jahr 1940 brach dann das Zeitalter der klassischen Tiki-Cocktails an. Sie basieren auf braunem Rum, der mit einer etwas süßlicheren Note aufwartet und bei entsprechender Herstellung und Reifung sich auch pur als absoluter Trinkgenuss erweist.

DAIQUIRI

Der Daiquiri ist nach der kubanischen Siedlung Daiquiri benannt, 22 Kilometer südlich von Santiago de Cuba gelegen. Große Bekanntheit erlangte der Daiquiri durch die Bar El Floridita in Havanna, in der der Barkeeper Constantino Ribalaigua den Drink seinem berühmtesten Gast, dem Autor Ernest Hemingway servierte, und zwar gleich einige pro Tag. Eine Variante des Daiquiri ist der Floridita, der mit einem Schuss Maraschino und mit crushed ice im Mixer zubereitet wird.

↓

6 cl Rum weiß oder braun
3 cl frisch gepresster Limettensaft
2 cl Zuckersirup (siehe Seite 187)

•

GARNITUR
keine

•

ZUBEREITUNG
Im Shaker auf Eiswürfeln ca. 10 Sekunden kräftig schütteln und ins Glas abseihen.

•

Glas: Cocktailschale – Coupe

•

El Floridita Bar, Havanna

DARK & STORMY

Gemixt wurde der Dark & Stormy zum ersten Mal im Royal Bermuda Yacht Club … versehentlich. Doch dieser Umstand machte ihn weit über die Grenzen der Bermudas hinaus bekannt und bewies, dass dunkler Rum nicht nur mit Soda, sondern ebenso mit Ginger Beer aufgespritzt werden kann. Ein neuer klassischer Cocktail/Highball wurde geboren und erfreute sich bald höchster Beliebtheit bei den Gästen.

↓

6 cl Gosling's Black Seal Rum
15 cl Thomas Henry Ginger Beer

•

GARNITUR
¼ Limette

•

ZUBEREITUNG
Im Longdrinkglas vorsichtig verrühren.

•

Glas: Longdrinkglas

•

Offizielles Nationalgetränk der Bermuda-Inseln

MAI TAI

(Don the Beachcomber)

Er ist – Mai Tai Roa Ae – nicht von dieser Welt. Wenn man an Tiki-Cocktails aus der Ära nach der Prohibition denkt, kommt einem natürlich erst mal der Mai Tai in den Sinn, der König der Tiki-Cocktails (vorsichtig ausgedrückt).
»Der Mai Tai ist meine ureigene Erfindung. Jeder, der etwas anderes behauptet, ist ein gemeiner Lügner.«
(Victor Bergeron alias Trader Vic)

↓

4 cl Rum braun
3 cl Rum gold
2 cl frisch gepresster Limettensaft
3 cl frisch gepresster Pink Grapefruitsaft
1 cl The Bitter Truth Golden Falernum
1,5 cl Cointreau
0,5 cl Absinth
2 dashes The Bitter Truth Aromatic Bitters

•

GARNITUR
Minzzweig
¼ Limette

•

ZUBEREITUNG
Im Shaker auf Eiswürfeln ca. 10 Sekunden kräftig schütteln und ins Glas abseihen. Mit Minzzweig und Limettenviertel garnieren.

•

Glas: Longdrinkglas

1933

Don the Beachcomber,
Huntington Beach

MOJITO

»El Draque« nannte sich der Drink, aus dem sich der Mojito ableitet, und bekannt wurde er durch den englischen Seefahrer Sir Francis Drake, der dieses Gemisch während einer Erkrankung erfand. Und tatsächlich, es half ihm wieder auf die Beine. In der Bar Bodeguita del Medio, wo unzählige Mojitos pro Jahr den Tresen verlassen, wurde der Drink in der weiten Welt bekannt und verhalf ihm zu Ru(h)m und Ehren.

↓

5 cl Rum weiß
10 Minzblätter
3 cl frisch gepresster Limettensaft
3 BL Rohrzucker oder 2 cl Zuckersirup
(siehe Seite 187)
6 cl Thomas Henry Soda Water

•

GARNITUR
keine oder Minzzweig

•

ZUBEREITUNG
Im Longdrinkglas vorsichtig verrühren. Eiswürfel dazugeben.

•

Glas: Longdrinkglas

1833

Ramón de Palma,
El Colera en la Habana,
bekannt als El Draquecito

CUBA LIBRE

»Viva Cuba libre« – »Es lebe das freie Kuba!«, riefen die Amerikaner, die auf die Befreiung Kubas von der spanischen Kolonialherrschaft anstießen – mit einem Mixgetränk aus Coca-Cola, Rum und Limettensaft. Diesen Inbegriff eines erfrischenden Drinks kann man zu jeder Jahreszeit zu sich nehmen. Auch beim Cuba Libre gibt es unzählige Varianten, doch mir schmeckt die Originalversion am besten.

↓

5 cl Rum weiß
15 cl Coca-Cola
2 x ¼ Limette

•

GARNITUR
keine

•

ZUBEREITUNG
Im Longdrinkglas vorsichtig verrühren.

•

Glas: Longdrinkglas

1937

Eleanor Early,
Ports of the sun: A guide to the Caribbean, Bermuda, Nassau, Havana and Panama

Rum-Cocktails

Fast alle Rums werden aus Melasse hergestellt, einem Nebenprodukt der Zuckerrohrgewinnung. Mit Wasser und Hefe gemischt, beginnt die Melasse zu gären; die entstandene Maische wird anschließend destilliert. Nach der Destillation ist der Rum klar und frisch und gewinnt erst durch Fasslagerung Aroma und Farbe.

Ich unterscheide zwischen folgenden vier Sorten Rum:

Da ist zunächst einmal der dunkle, schwere Rum, der fassgelagert wurde. Seine robusten, würzig-süßen Aromen erhält er durch Gärung und zweifache Destillation in pot stills (Kupferbrennblasen). Eine mehrjährige Fasslagerung sowie Karamellzucker verleihen diesem Rum seine bräunliche Färbung.

Eine andere Art von Rum ist der körperleichte weiße Rum – sehr angenehm zu trinken in Cocktails und auch pur. Ein sehr kurzer Gärverlauf und eine effiziente Destillation sind verantwortlich dafür, dass sehr geschmackvolle Rums dabei herauskommen. Die meisten Hersteller dieser Rums bieten auch die gehaltvollere dunklere Qualität an.

Dann gibt es noch den Rhum agricole, dem viele Bartender seit ein paar Jahren große Aufmerksamkeit schenken. Diese Spezialität stammt aus Martinique und weiteren französischen Übersee-Départements und wird nicht aus Melasse, sondern aus Zuckerrohrsaft hergestellt. Als vielschichtig und intensiv würde ich die Agricole Rums bezeichnen, die sich bestens für Cocktails mit wenigen Zutaten eignen.

Der Vierte im Bunde ist der Spiced Rum, der mit verschiedenen Gewürzen aromatisiert wird. Gegenwärtig setzt Spiced Rum auf Zutaten wie Zucker, Vanille und Gewürze aller Art – vornehmlich Zimt, Nelken, Muskatnuss und Ingwer. Das erklärt, warum Spiced Rum sich vor allem für den Winter und für Mixgetränke an kalten Tagen anbietet.

Algonquin

↓

6 cl Rum weiß
2 cl frisch gepresster Limettensaft
1 cl Bénédictine
1 cl Chambord

•

GARNITUR
keine

•

ZUBEREITUNG
Im Shaker auf Eiswürfeln ca. 10 Sekunden kräftig schütteln und ins Glas abseihen.

•

Glas: Cocktailschale – Coupe

Apricot Lady

↓

6 cl Rum weiß
2 cl frisch gepresster Zitronensaft
2 cl Apricot Brandy
1 Eiweiß

•

GARNITUR
keine

•

ZUBEREITUNG
Im Shaker auf Eiswürfeln ca. 10 Sekunden kräftig schütteln und ins Glas abseihen.

•

Glas: Sherryglas

Bacardi Cocktail

↓

6 cl Bacardi weiß
2 cl frisch gepresster Limettensaft
1 cl Grenadine

•

GARNITUR
keine

•

ZUBEREITUNG
Im Shaker auf Eiswürfeln ca. 10 Sekunden kräftig schütteln und ins Glas abseihen.

•

Glas: Cocktailschale – Coupe

1917

Tom Bullock, The Ideal Bartender

Baltimore Eggnog

↓

FÜR 10 PERSONEN

10 Eier
8 cl Zuckersirup (siehe Seite 187)
1 kleiner BL geriebene Muskatnuss
25 cl Jamaika Rum
10 cl Madeira
3 l Vollmilch (3,5 %)

•

GARNITUR
Muskatnuss

•

ZUBEREITUNG
Eigelbe mit Zuckersirup und Muskatnuss zu schaumiger Masse schlagen. Eiweiße steif schlagen und unterheben, nach und nach Alkohol dazugeben, zuletzt die Milch nach und nach untermengen. Muskatnuss über den fertigen Drink reiben.

•

Glas: Champagnerglas

1862

Jerry Thomas,
How to Mix Drinks

Banana Daiquiri

↓

¼ Banane
6 cl Rum weiß
3 cl frisch gepresster Limettensaft
1 cl Bananensirup
1 cl Zuckersirup (siehe Seite 187)

•

GARNITUR
keine

•

ZUBEREITUNG
Banane im Shaker muddeln. Übrige Zutaten sowie Eiswürfel hinzufügen, ca. 10 Sekunden kräftig schütteln und ins Glas abseihen.

•

Glas: Cocktailschale – Coupe

1953

George Soule,
St. Thomas, Virgin Islands

Beachcomber

↓

6 cl Rum weiß
3 cl frisch gepresster Limettensaft
2 cl Triple Sec
1 cl Maraschino

•

GARNITUR
keine

ZUBEREITUNG
Im Shaker auf Eiswürfeln ca. 10 Sekunden kräftig schütteln und ins Glas abseihen.

•

Glas: Cocktailschale – Coupe

1937

William J. Tarling,
Café Royal Cocktail Book

Bee's Kiss

↓

4 cl Rum weiß
2 cl Rum braun
2 cl Sahne
2 cl Honigsirup (siehe Seite 187)

•

GARNITUR
keine

•

ZUBEREITUNG
Im Shaker auf Eiswürfeln ca. 10 Sekunden kräftig schütteln und ins Glas abseihen.

•

Glas: Cocktailschale – Coupe

Between the Sheets

↓

3 cl Rum weiß
3 cl Brandy
3 cl Cointreau
1,5 cl Zitronensaft

•

GARNITUR
keine

•

ZUBEREITUNG
Im Shaker auf Eiswürfeln ca. 10 Sekunden kräftig schütteln und ins Glas abseihen.

•

Glas: Cocktailschale – Coupe

1920er

Harry MacElhone,
Harry's New York Bar, Paris

Caipirissima

↓

½ Limette
2 BL weißer Rohrzucker
6 kernlose Trauben
6 cl Jamaika Rum

•

TOPPING
4 cl Thomas Henry Soda Water

•

GARNITUR
keine

•

ZUBEREITUNG
Limette vierteln und mit Rohrzucker und den Trauben im Shaker muddeln. Rum dazugeben und auf Eiswürfeln ca. 10 Sekunden kräftig schütteln. In den Tumbler einfüllen und mit Sodawasser toppen.

•

Glas: Tumbler – Old-Fashioned-Glas

2002

Dale DeGroff,
The Craft of the Cocktail

Canchanchara

↓

6 cl Rum braun
3 cl frisch gepresster Limettensaft
2 cl Honigsirup (siehe Seite 187)

•

GARNITUR
keine

•

ZUBEREITUNG
Im Shaker auf Eiswürfeln ca. 10 Sekunden kräftig schütteln und ins Glas abseihen.

•

Glas: Tumbler – Old-Fashioned-Glas

1862

Jerry Thomas,
How to Mix Drinks

Continental

↓

5 cl Rum weiß
1 cl Crème de Menthe Verte
2 cl frisch gepresster Limettensaft
1 cl Zuckersirup (siehe Seite 187)

•

GARNITUR
keine

•

ZUBEREITUNG
Im Shaker auf Eiswürfeln ca. 10 Sekunden kräftig schütteln und ins Glas abseihen.

•

Glas: Tumbler – Old-Fashioned-Glas

Creole

↓

5 cl Rum weiß
1 cl frisch gepresster Zitronensaft
10 cl Rinderconsommé
2 dashes Tabasco
6 dashes Worcestershiresauce
Salz
Pfeffer

•

GARNITUR
keine

•

ZUBEREITUNG
Im Longdrinkglas vorsichtig verrühren.

•

Glas: Longdrinkglas

Daiquiri el Floridita

↓

6 cl Rum weiß
2 cl frisch gepresster Limettensaft
1 cl Zuckersirup (siehe Seite 187)
1 cl Maraschino
3 cl Pink Grapefruitsaft

•

GARNITUR
Grapefruitzeste

•

ZUBEREITUNG
Im Shaker auf Eiswürfeln ca. 10 Sekunden kräftig schütteln und ins Glas abseihen. Mit Grapefruitzeste garnieren.

•

Glas: Cocktailschale – Coupe

•

El Floridita Bar, Havanna

El Presidente

↓

6 cl kubanischer Rum
3 cl Belsazar Dry Vermouth
0,5 cl Orange Curaçao
0,5 cl Grenadine

•

GARNITUR
Orangenzeste

•

ZUBEREITUNG
Im Rührglas auf Eiswürfeln ca. 10 Sekunden vorsichtig verrühren und ins Glas abseihen. Mit Orangenzeste garnieren.

Glas: Martiniglas

1920er

Havanna

Fish House Punch

↓

750 ml Rum braun
350 ml Cognac
60 ml Peach Brandy
350 ml frisch gepresster Limettensaft
850 ml Wasser
250 ml Zuckersirup (siehe Seite 187)

•

GARNITUR
keine

•

ZUBEREITUNG
Im Tumbler verrühren, mindestens drei Stunden stehen lassen und anschließend servieren.

•

Glas: Tumbler – Old-Fashioned-Glas oder hitzebeständiges Becherglas

1732

The Colony in Schuylkill, Philadelphia

Fog Cutter

↓

4 cl Puerto Rico
2 cl Brandy
1 cl Gin
2 cl Mandelsirup
2 cl frisch gepresster Zitronensaft
2 cl frisch gepresster Orangensaft
2 cl Sherry Cream

•

GARNITUR
keine

•

ZUBEREITUNG
Im Shaker auf Eiswürfeln ca. 10 Sekunden kräftig schütteln, mit Sherry Cream floaten.

•

Glas: Longdrinkglas

1946

Victor Bergeron,
Trader Vic's Book of Food and Drink

Gansevoort Fizz

↓

4 cl Rum braun
2 cl Drambuie
2 cl frisch gepresster Limettensaft
2 dashes Peychaud's Bitters oder The Bitter Truth Creole Bitters

•

TOPPING
10 cl Thomas Henry Soda Water

GARNITUR
Zitronenzeste

•

ZUBEREITUNG
Im Shaker auf Eiswürfeln ca. 10 Sekunden kräftig schütteln, ins Glas abseihen und mit Sodawasser toppen. Mit Zitronenzeste garnieren.

•

Glas: Longdrinkglas

Grog

↓

5 cl Rum braun
2 cl frisch gepresster Limettensaft
2 cl Demararasirup (siehe Seite 187)
5 cl heißes Wasser
2 dashes The Bitter Truth Aromatic Bitters

•

GARNITUR
Orangenzeste, mit 3 Nelken bespickt

•

ZUBEREITUNG
Im Grogglas vorsichtig verrühren. Mit Orangenzeste garnieren.

•

Glas: hitzebeständiges Grogglas

1781

Thomas Trotter, »Written on board the Berwick«, in: Notes & Queries, Series 1

Habana Libre

↓

6 cl Rum weiß
2 cl frisch gepresster Limettensaft
1 cl Grenadine

•

GARNITUR
Limettenzeste

•

ZUBEREITUNG
Ins Longdrinkglas geben, mit crushed ice auffüllen und vorsichtig umrühren. Mit Limettenzeste garnieren.

•

Glas: Longdrinkglas

Havana Special

↓

5 cl Rum weiß
1 cl Maraschino
6 cl Ananassaft von bester Qualität
2 dashes The Bitter Truth Orange Bitters

•

GARNITUR
keine

•

ZUBEREITUNG
Im Shaker auf Eiswürfeln ca. 10 Sekunden kräftig schütteln und auf crushed ice abseihen.

•

Glas: Tumbler – Old-Fashioned-Glas

Hot Buttered Rum

↓

6 cl Rum braun
1 cl Honigsirup (siehe Seite 187)
12 cl heißes Wasser
1 Stange Zimt
4 kleine Flocken Butter (wenn erhältlich: Gewürzbutter)

•

GARNITUR
Orangenzeste

•

ZUBEREITUNG
Alle Zutaten außer Butter im Grogglas vorsichtig verrühren, mit Butter überziehen. Mit Orangenzeste garnieren.

•

Glas: hitzebeständiges Grogglas

Hot Jamaican

↓

5 cl Rum braun
2 cl frisch gepresster Limettensaft
1 cl Zuckersirup (siehe Seite 187)
1 Zimtstange
6 cl heißes Wasser

•

GARNITUR
Limettenscheibe, mit 3 Nelken bespickt

•

ZUBEREITUNG
Im Grogglas vorsichtig verrühren und mit Limettenscheibe garnieren.

•

Glas: hitzebeständiges Grogglas

Hotel Nacional Special

↓

6 cl Rum braun
1,5 cl frisch gepresster Limettensaft
1,5 cl Zuckersirup (siehe Seite 187)
3 cl Ananassaft von bester Qualität
1 cl Apricot Brandy

•

GARNITUR
Limettenscheibe

•

ZUBEREITUNG
Im Shaker auf Eiswürfeln ca. 10 Sekunden kräftig schütteln und ins Glas abseihen. Mit Limettenscheibe garnieren.

•

Glas: Cocktailschale – Coupe

1933

Ross Bolton, Bar La Florida Cocktails

Hurrican

↓

6 cl Rum weiß
6 cl Rum braun
3 cl frisch gepresster Orangensaft
3 cl frisch gepresster Limettensaft
6 cl Maracujasaft von bester Qualität
1,5 cl Zuckersirup (siehe Seite 187)
1,5 cl Grenadine

GARNITUR
Orangenscheibe
Stielkirsche

•

ZUBEREITUNG
Im Shaker auf Eiswürfeln ca. 10 Sekunden kräftig schütteln und ins Glas abseihen. Mit Orangenscheibe und Stielkirsche garnieren.

•

Glas: Hurrican-Glas

1940er

Pat O'Brien, Mr. O'Brien's Club Tipperary, New Orleans

La Floridita Cocktail

↓

5 cl Rum weiß
2 cl Belsazar Red Vermouth
2 cl frisch gepresster Limettensaft
1 cl Crème de Cacao weiß
1 cl Grenadine

•

GARNITUR
keine

•

ZUBEREITUNG
Im Shaker auf Eiswürfeln ca. 10 Sekunden kräftig schütteln und ins Glas abseihen.

•

Glas: Cocktailschale – Coupe

Mai Tai

(Trader Vic's)

↓

6 cl Rum braun
1,5 cl Orange Curaçao
3 cl frisch gepresster Limettensaft
1 cl Mandelsirup
0,5 cl Zuckersirup (siehe Seite 187)

•

GARNITUR
Minzzweig
¼ Limette

•

ZUBEREITUNG
Im Shaker auf Eiswürfeln ca. 10 Sekunden kräftig schütteln und ins Glas abseihen. Mit Minzzweig und Limette garnieren.

•

Glas: Tumbler – Old-Fashioned-Glas

1944

Victor Bergeron, Trader Vic's Book of Food and Drink

Mary Pickford

↓

6 cl Rum weiß
4 cl Ananassaft von bester Qualität
1 cl Maraschino
0,5 cl Grenadine

•

GARNITUR
keine

ZUBEREITUNG
Im Shaker auf Eiswürfeln ca. 10 Sekunden kräftig schütteln und ins Glas abseihen.

•

Glas: Cocktailschale – Coupe

1928

Pedro Chicote, Cocktails

Milk Punch

↓

3 cl Rum braun
3 cl Hennessy Cognac
2 cl Zuckersirup (siehe Seite 187)
4,5 cl Vollmilch (3,5 %)

•

GARNITUR
Muskatnuss

•

ZUBEREITUNG
Im Rührglas auf Eiswürfeln ca. 10 Sekunden vorsichtig verrühren und ins Glas abseihen. Muskatnuss über den fertigen Drink reiben.

•

Glas: Tumbler – Old-Fashioned-Glas

1862

Jerry Thomas, The Bar-Tender's Guide

Mulata

↓

6 cl Rum braun
3 cl frisch gepresster Limettensaft
1,5 cl Crème de Cacao braun
1 cl Zuckersirup (siehe Seite 187)

•

GARNITUR
keine

•

ZUBEREITUNG
Im Shaker auf Eiswürfeln ca. 10 Sekunden kräftig schütteln und ins Glas abseihen.

•

Glas: Cocktailschale – Coupe

•

El Floridita Bar, Havanna

Old Cuban

↓

5 cl Rum braun
3 cl frisch gepresster Limettensaft
2 cl Zuckersirup (siehe Seite 187)
2 dashes The Bitter Truth Aromatic Bitters
6 Minzblätter

•

TOPPING
10 cl Moët & Chandon Brut Champagner

•

GARNITUR
Minzzweig

ZUBEREITUNG
Im Shaker auf Eiswürfeln ca. 10 Sekunden kräftig schütteln und mit Champagner toppen. Mit Minzzweig garnieren.

•

Glas: Cocktailschale – Coupe

2002

Audrey Saunders, New York

Piña Colada

↓

5 cl Rum weiß Puerto Rico
4 cl Kokoscrème
4 mittelgroße Stücke Ananas, geschält

•

GARNITUR
Ananasblatt

•

ZUBEREITUNG
Im Elektromixer 10 Sekunden mit crushed ice blenden und ins Glas abseihen. Mit Ananasblatt dekorieren.

•

Glas: Tumbler – Old-Fashioned-Glas

1949

Caribe Hilton's Beachcomber Bar, Caribe Hilton Hotel, Puerto Rico

Planter's Punch Trader Vic's

↓

9 cl Rum braun
3 cl frisch gepresster Limettensaft
1,5 cl Zitronensaft
1,5 cl Grenadine
1 cl Zuckersirup (siehe Seite 187)
6 cl Thomas Henry Soda Water

•

GARNITUR
keine

•

ZUBEREITUNG
Im Shaker auf Eiswürfeln ca. 10 Sekunden kräftig schütteln und ins Glas abseihen.

•

Glas: Longdrinkglas

1946

Victor Bergeron,
Trader Vic's Book of Food and Drink

Presidente

↓

5 cl Rum weiß
2 cl Belsazar Red Vermouth
1 cl Belsazar Dry Vermouth
0,5 cl Grenadine

GARNITUR
Stielkirsche

ZUBEREITUNG
Im Rührglas auf Eiswürfeln ca. 10 Sekunden vorsichtig verrühren und ins Glas abseihen. Mit Stielkirsche garnieren.

•

Glas: Tumbler – Old-Fashioned-Glas

Queen's Park Swizzle

↓

6 cl Rum braun Trinidad
3 cl frisch gepresster Limettensaft
2 cl Zuckersirup (siehe Seite 187)
10 Minzblätter
4 dashes The Bitter Truth Aromatic Bitters
2 cl Thomas Henry Soda Water

•

GARNITUR
Minzzweig

•

ZUBEREITUNG
Im Tumbler mit einem »Swizzle Stick« bzw. einem Barlöffel so lange »swizzlen« oder rühren, bis sich eine Eisschicht um das Glas herum bildet. Mit Minzzweig garnieren.

•

Glas: Longdrinkglas

•

Queen's Park Hotel, Trinidad

Ribalaigua Daiquiri

↓

5 cl Rum weiß
2 cl frisch gepresster Pink Grapefruitsaft
1 cl frisch gepresster Limettensaft
1 cl Maraschino

•

GARNITUR
keine

•

ZUBEREITUNG
Im Shaker auf Eiswürfeln ca. 10 Sekunden kräftig schütteln und ins Glas abseihen.

•

Glas: Cocktailschale – Coupe

1940er

Constantino Ribalaigua

Royal Bermuda Yacht Club

↓

6 cl Rum braun Barbados
3 cl frisch gepresster Limettensaft
1,5 cl The Bitter Truth Golden Falernum
0,5 cl Cointreau oder Triple Sec
2 dashes The Bitter Truth Aromatic Bitters

GARNITUR
Limettenzeste

•

ZUBEREITUNG
Im Rührglas auf Eiswürfeln ca. 10 Sekunden vorsichtig verrühren und ins Glas abseihen. Mit Limettenzeste garnieren.

•

Glas: Cocktailschale – Coupe

1947

Victor Bergeron,
Trader Vic's Bartender's Guide

Sloppy Joe

↓

5 cl Rum weiß
2 cl Belsazar Dry Vermouth
2 cl frisch gepresster Limettensaft
1 cl Triple Sec
1 cl Grenadine

•

GARNITUR
keine

•

ZUBEREITUNG
Im Shaker auf Eiswürfeln ca. 10 Sekunden kräftig schütteln und ins Glas abseihen.

•

Glas: Cocktailschale – Coupe

1933

Sloppy Joe,
Sloppy Joe's Cocktail Manual

Ti Punch

↓

1 Limette
6 cl Rhum agricole
2 BL weißer Rohrzucker oder
2 cl Zuckersirup (siehe Seite 187)

•

GARNITUR
keine

•

ZUBEREITUNG
Limette vierteln, alle Zutaten in den Tumbler geben und vorsichtig verrühren.

•

Glas: Tumbler – Old-Fashioned-Glas

•

Von den französischsprachigen Karibikinseln

Tom & Jerry

↓

FÜR 10 PERSONEN

4 cl Rum braun Jamaika
12 Eier
2 BL Zimt, gemahlen
1 BL Nelken, gemahlen
1 BL Pimentkörner, gemahlen
50 g Zucker

•

Pro Glas zusätzlich
6 cl Rum braun Jamaika
heißes Wasser

•

GARNITUR
Muskatnuss

ZUBEREITUNG
Die vorab genannten Zutaten zu einer Masse verrühren. Pro Portion Rum und einen Teil der Eimasse ins Glas geben und mit heißem Wasser auffüllen. Muskatnuss darüberreiben und sofort servieren.

•

Glas: hitzebeständiges Grogglas

1862

Jerry Thomas, How to Mix Drinks

West Indies Punch

↓

3 cl Rum braun
3 cl Rum weiß
2 cl Hennessy Cognac
3 cl Madeira
3 cl frisch gepresster Limettensaft
5 cl grüner Tee
4 cl heißes Wasser
1 cl Zuckersirup (siehe Seite 187)
2 BL Guavenmarmelade
2 dashes The Bitter Truth Aromatic Bitters

•

GARNITUR
Muskatnuss

•

ZUBEREITUNG
Im Shaker auf Eiswürfeln ca. 10 Sekunden kräftig schütteln und ins Glas abseihen. Muskatnuss über den fertigen Drink reiben.

Glas: Longdrinkglas

1946

Victor Bergeron,
Trader Vic's Book of Food and Drink

Zombie

↓

3 cl Rum braun
3 cl Rum braun Jamaika
3 cl Rum gold Puerto Rico
1 cl The Bitter Truth Golden Falernum
2 cl Maraschino
2 cl frisch gepresster Limettensaft
2 cl frisch gepresster Pink Grapefruitsaft
4,5 cl Ananassaft von bester Qualität
0,5 cl Absinth
0,5 cl Grenadine
2 dashes The Bitter Truth Aromatic Bitters

•

GARNITUR
Minzzweig

•

ZUBEREITUNG
Mit crushed ice im Elektromixer 10 Sekunden blenden und ins Glas abseihen. Mit Minzzweig garnieren.

•

Glas: Longdrinkglas

1934

Don the Beachcomber,
Huntington Beach

Cognac- & Brandy-Cocktails

Cognac – eine meiner Lieblingsspirituosen überhaupt – ist ein ausgezeichnetes Destillat, nicht nur zum Trinken, sondern auch zum Mixen von Cocktails. Als Altherrengetränk im großen Schwenker »abserviert«, eilt ihm ein etwas angestaubter Ruf voraus, jedoch zu Unrecht. Denn keine Spirituose ist so komplex und aromenvielfältig wie der Cognac. Ausschließlich aus der weißen Traube Ugni Blanc hergestellt, und zwar im Gebiet der Grande Champagne, ist der Cognac ein Hochgenuss. Die Rebsorten Folle Blanche und Colombard sind mit einem Anteil von zehn Prozent bei der Produktion vergleichsweise gering vertreten. Auch die übrigen Anbaugebiete wie die Petite Champagne, Borderies, Fins Bois, Bons Bois und Bois Ordinaires bringen tolle Destillate hervor, diese sind aber von vornherein meist nur als Verschnitt geplant.

Brandy – auch wenn deutscher Weinbrand ebenfalls als Brandy bezeichnet wird, sprechen wir hier in erster Linie vom spanischen Brandy. Schließlich hat Spanien die längste Brandy-Tradition Europas und ist auch der größte Hersteller von Brandy weltweit. Die drei Lagerstufen Solera, Solera Reserva und Solera Gran Reserva benennen zugleich die drei Qualitätsstufen des Brandy. Zumeist lagert der Brandy in Fässern aus amerikanischer Steineiche, die zuvor schon dem Sherry dienten, und trägt auch in Cocktails zu einem hervorragenden Geschmack bei.

CORPSE REVIVER NO. 1

Frank Meier, der legendäre Barmanager des Hotel Ritz in Paris, hat diesen Drink erfunden und in seinem von mir sehr geliebten Buch* The Artistry of Mixing Drinks *1936 veröffentlicht. Harry Craddock aus dem Savoy Hotel in London meinte dazu in seinem Buch: »Am besten vor 11 Uhr oder wann immer Energie benötigt wird.«

↓

3 cl Hennessy Cognac oder Brandy
3 cl Calvados
3 cl Belsazar Red Vermouth

•

GARNITUR
keine

•

ZUBEREITUNG
Im Rührglas auf Eiswürfeln ca. 10 Sekunden vorsichtig verrühren und ins Glas abseihen.

•

Glas: Cocktailschale – Coupe

1936

Frank Meier,
The Artistry of Mixing Drinks

BRANDY CRUSTA

Joseph Santini war es, der den Brandy Crusta um 1850 in der Umgebung von New Orleans erfand. In Jerry Thomas' erstem Cocktailbuch* How to Mix Drinks *tauchen gleich fünf Rezepte von Joseph Santini auf, sodass dieser auch als Erfinder des Brandy Crusta hervorgeht. Wie der Name schon sagt, sollte man zu einem Brandy greifen, wenn man den Cocktail zubereitet; mit Cognac liegt man aber auch nicht falsch.

↓

6 cl Hennessy Cognac oder Brandy
1 cl frisch gepresster Zitronensaft
0,5 cl Zuckersirup (siehe Seite 187)
0,5 cl Orange Curaçao
2 dashes The Bitter Truth Aromatic Bitters

•

GARNITUR
Zucker
Zitronenzeste

•

ZUBEREITUNG

Das Glas mit einem Zuckerrand versehen. Zutaten im Shaker auf Eiswürfeln ca. 10 Sekunden kräftig schütteln und ins Glas abseihen. Mit Zitronenzeste garnieren.

•

Glas: Sour-Glas oder Cocktailschale – Coupe

1862

Jerry Thomas,
The Bar-Tender's Guide

SIDECAR

Wie viele Teile zu welcher Menge? Welche Art der Herstellung? Der Sidecar wird in vielen Büchern unterschiedlich definiert, wobei seine Wurzeln wohl beim Brandy Crusta liegen. Diesen gigantischen Klassiker vermag jeder gute Barmann aus dem Effeff zu mixen. Der Cocktail ist süß, säuerlich, erfrischend und zugleich erdig durch den Cognac. Eine Erfindung aus Europa – santé!

↓

3 cl Hennessy Cognac
(Ich empfehle 6 cl Cognac.)
3 cl frisch gepresster Zitronensaft
3 cl Triple Sec

•

GARNITUR
Zitronenzeste

•

ZUBEREITUNG
Im Shaker auf Eiswürfeln ca. 10 Sekunden kräftig schütteln und ins Glas abseihen. Mit Zitronenzeste garnieren.

•

Glas: Cocktailschale – Coupe

1927

Harry MacElhone,
Barflies and Cocktails

COFFEE COCKTAIL

In How to Mix Drinks schrieb Jerry Thomas über das klassische Kaffeecocktail-Rezept: »Der Name dieses Getränks ist eine Fehlbezeichnung, da Kaffee und Bitter nicht in seinen Zutaten zu finden sind; aber es sieht aus wie Kaffee, wenn es richtig gemixt wurde. Daher wahrscheinlich sein Name.«

↓

3 cl Hennessy Cognac oder Brandy
4 cl Portwein
0,5 cl Zuckersirup (siehe Seite 187)
1 Ei

•

GARNITUR
Muskatnuss

•

ZUBEREITUNG
Im Shaker auf Eiswürfeln ca. 10 Sekunden kräftig schütteln und ins Glas abseihen. Muskatnuss über den fertigen Drink reiben.

•

Glas: Cocktailschale – Coupe

1887

Jerry Thomas, The Bar-Tender's Guide

BRANDY ALEXANDER

Der Brandy Alexander ist eine Variation des weitgehend vergessenen klassischen Alexander, allerdings auf Gin-Basis. Er entstand im 20. Jahrhundert im Hotel Rector in New York City. Während der Prohibition begannen die Barkeeper und Trinker, Gin gegen andere Spirituosen zu tauschen, wobei man Cognac als am besten geeignet für die Kombination mit Kakao und Sahne befand.

↓

5 cl Hennessy Cognac oder Brandy
2,5 cl Crème de Cacao braun
2,5 cl Sahne

•

GARNITUR
Muskatnuss

•

ZUBEREITUNG
Im Shaker auf Eiswürfeln ca. 10 Sekunden kräftig schütteln und ins Glas abseihen. Muskatnuss über den fertigen Drink reiben.

•

Glas: Cocktailschale – Coupe

1927

Harry MacElhone,
Barflies and Cocktails

Cognac- & Brandy-Cocktails

Die Destillation von Cognac erfolgt im traditionellen sogenannten alambic charentais, einer Kupferbrennblase, in der Wein durch zweimaliges Brennen auf ca. 70 % Alkohol gebracht wird. Eine zweijährige Reifung in Eichenfässern wird vorausgesetzt: Dadurch wird das Destillat milder und entwickelt Aromen, nimmt Farbe an und verdunstet Alkohol. Das Destillat kann bis zu 70 Jahre reifen. Die endgültige Trinkstärke des Cognacs erreicht man durch Verdünnung mit Wasser, wie bei vielen anderen Spirituosen auch, oder durch Verdünnung mit Faible – einer Mischung aus Wasser und älterem Cognac. Für die Cognac-Herstellung eignen sich vor allem säurebetonte Weine, die dem endgültigen Destillat die fruchtige Note verleihen.

Bevor der Cognac zusammengestellt wird, erfolgt die Assemblage: Unterschiedliche Lagen und Jahrgänge werden miteinander vermischt.

- V.S. = 2–3 Jahre
- V.S.O.P. oder Réserve = 4–5 Jahre
- X.O., Napoleon oder Hors d'âge = 6`Jahre und mehr

Brandy muss einen Alkoholgehalt von mindestens 36 % haben, der Zusatz von Zuckercouleur ist möglich; alle weiteren Zutaten sind unzulässig, ausgenommen natürlich Wasser. Säure- und Alkoholgehalt der Trauben bestimmen den Qualitäts- und Geschmacksunterschied. Interessant: Apricot, Cherry und weitere mit Früchten angereicherte Brandys, mit denen oft Cocktails gemixt werden, enthalten hingegen keinen Weinbrand.

B & B

↓

4 cl Brandy
2 cl Bénédictine
2 cl Zuckersirup (siehe Seite 187)
4,5 cl Vollmilch (3,5 %)

•

GARNITUR
Zitronenzeste

•

ZUBEREITUNG
Im Tumbler vorsichtig verrühren. Mit Zitronenzeste garnieren.

•

Glas: Tumbler – Old-Fashioned-Glas

1937

Club 21, New York

Brandy Punch

↓

7 cl Hennessy Cognac oder Brandy
3 cl frisch gepresster Zitronensaft
1 cl Zuckersirup (siehe Seite 187)
1 cl Himbeersirup
1 Handvoll Beeren der Saison

•

GARNITUR
keine

ZUBEREITUNG
Im Shaker auf Eiswürfeln ca. 10 Sekunden kräftig schütteln und ins Glas abseihen.

•

Glas: Tumbler – Old-Fashioned-Glas

1887

Jerry Thomas, The Bar-Tender's Guide

Corpse Reviver No. 3

↓

3 cl Hennessy Cognac oder Brandy
3 cl Fernet Branca
3 cl Crème de Menthe Blanche

•

GARNITUR
keine

•

ZUBEREITUNG
Im Rührglas auf Eiswürfeln ca. 10 Sekunden vorsichtig verrühren und ins Glas abseihen.

•

Glas: Cocktailschale – Coupe

Delmonico

↓

2 cl Hennessy Cognac
3 cl Tanqueray No. 10 Gin
1,5 cl Belsazar Red Vermouth
1,5 cl Belsazar Dry Vermouth
2 dashes The Bitter Truth Aromatic Bitters

•

GARNITUR
Zitronenzeste

•

ZUBEREITUNG
Im Rührglas auf Eiswürfeln ca. 10 Sekunden vorsichtig verrühren und ins Glas abseihen. Mit Zitronenzeste garnieren.

•

Glas: Cocktailschale – Coupe

•

Delmonico's Restaurant, New York

East India Cocktail

↓

7 cl Hennessy Cognac
0,5 cl Ananassirup
0,5 cl Orange Curaçao
0,25 cl Maraschino
4 dashes The Bitter Truth Aromatic Bitters

•

GARNITUR
Zitronenzeste

ZUBEREITUNG
Im Rührglas auf Eiswürfeln ca. 10 Sekunden vorsichtig verrühren und ins Glas abseihen. Mit Zitronenzeste garnieren.

•

Glas: Martiniglas

1882

Harry Johnson,
Bartenders' Manual

Fedora Punch

↓

3 cl Hennessy Cognac
2 cl Michter's Bourbon Whiskey
3 cl Rum braun
2 cl Orange Curaçao
3 cl frisch gepresster Zitronensaft
1 cl Ananassirup

•

GARNITUR
Früchte der Saison

•

ZUBEREITUNG
Im Shaker auf Eiswürfeln ca. 10 Sekunden kräftig schütteln und ins Glas auf crushed ice abseihen. Mit Früchten der Saison garnieren.

•

Glas: Longdrinkglas

1909

Carl A. Seutter,
Der Mixologist

Harvard

↓

6 cl Hennessy Cognac oder Brandy
3 cl Belsazar Red Vermouth
2 dashes The Bitter Truth Orange Bitters

•

GARNITUR
Zitronenzeste

•

ZUBEREITUNG
Im Rührglas auf Eiswürfeln ca. 10 Sekunden vorsichtig verrühren und ins Glas abseihen. Mit Zitronenzeste garnieren.

•

Glas: Martiniglas

1935

A. S. Crockett,
The Old Waldorf-Astoria Bar Book

Jack Rose

↓

6 cl Applejack Brandy
3 cl frisch gepresster Zitronensaft
2 cl Grenadine

•

GARNITUR
keine

ZUBEREITUNG
Im Shaker auf Eiswürfeln ca. 10 Sekunden kräftig schütteln und ins Glas abseihen.

•

Glas: Cocktailschale – Coupe

1905

Frank J. May, The National Police Gazette

Japanese Cocktail

↓

6 cl Hennessy Cognac oder Brandy
1,5 cl Mandelsirup
4 dashes The Bitter Truth Jerry Thomas Bitters

•

GARNITUR
Zitronenzeste

•

ZUBEREITUNG
Im Rührglas auf Eiswürfeln ca. 10 Sekunden vorsichtig verrühren und ins Glas abseihen. Mit Zitronenzeste garnieren

•

Glas: Cocktailschale – Coupe

1887

Jerry Thomas, The Bon Vivant's Companion

Prince of Wales Original

↓

8 cl Madeira
1 cl Orange Curaçao
0,5 cl Nusslikör
1 BL Puderzucker

•

TOPPING
10 cl Moët & Chandon Brut Champagner
Kirschlikör

•

GARNITUR
Zitronenzeste

•

ZUBEREITUNG
Im Rührglas auf Eiswürfeln ca. 10 Sekunden vorsichtig verrühren und ins Champagnerglas auf crushed ice abseihen. Mit Champagner toppen und mit Kirschlikör floaten. Mit Zitronenzeste garnieren.

•

Glas: Champagnerglas

1896

Louis Fouquet, Bariana

Prince of Wales

(The Ritz)

↓

2 cl Hennessy Cognac
2 cl Madeira
2 dashes The Bitter Truth Aromatic Bitters
0,5 cl Orange Curaçao

•

TOPPING
12 cl Moët & Chandon Brut Champagner

•

GARNITUR
Orangenzeste

•

ZUBEREITUNG
Im Shaker auf Eiswürfeln ca. 10 Sekunden kräftig schütteln und mit Champagner toppen. Mit Orangenzeste garnieren.

•

Glas: Champagnerglas

1936

Frank Meier, The Artistry of Mixing Drinks

Soyer au Champagne

↓

1 cl Cognac
1 cl Orange Curaçao
1 cl Maraschino
2 BL Vanilleeis
3 cl Hennessy Cognac
2 cl Zuckersirup (siehe Seite 187)
4,5 cl Vollmilch (3,5 %)

•

TOPPING
Champagner

•

GARNITUR
Orangenzeste
kleine Ananaswürfel

ZUBEREITUNG
In der Cocktailschale vorsichtig verrühren und mit Champagner toppen. Mit Orangenzeste und Ananaswürfeln garnieren.

•

Glas: Cocktailschale – Coupe

1927

Harry MacElhone, Barflies and Cocktails

Stinger

↓

6 cl Hennessy Cognac
2 cl Crème de Menthe Blanche

•

GARNITUR
Minzblatt

•

ZUBEREITUNG
Im Rührglas auf Eiswürfeln ca. 10 Sekunden vorsichtig verrühren und ins Glas abseihen. Mit Minzblatt garnieren.

•

Glas: Martiniglas

1930

Harry Craddock,
The Savoy Cocktail Book
American Bar,
Savoy Hotel, London

The Bombay Cocktail

↓

5 cl Hennessy Cognac
1,5 cl Belsazar Dry Vermouth
1,5 cl Belsazar Red Vermouth
1 cl Orange Curaçao
0,5 cl Absinth

•

GARNITUR
Zitronenzeste

•

ZUBEREITUNG
Im Rührglas auf Eiswürfeln ca. 10 Sekunden vorsichtig verrühren und ins Glas abseihen. Mit Zitronenzeste garnieren.

•

Glas: Cocktailschale – Coupe

1930

Harry Craddock,
The Savoy Cocktail Book,
American Bar,
Savoy Hotel, London

Sake- & Shochu-Cocktails

Mit diesen beiden Getränken könnte ich ganze Kapitel füllen, denn Sake und Shochu sind für mich mit die wichtigsten und komplexesten Alkoholika überhaupt. Beide stammen aus Japan, unterscheiden sich aber vor allem im Herstellungsverfahren, denn während Shochu destilliert wird, wird Sake gegoren.

Die Produktion von Sake war ursprünglich dem Kaiserhof vorbehalten und wurde erst später an ausgewählte Klöster übertragen. Die Qualität der Grundzutaten wie Wasser, Reis und Hefe bestimmte das Endprodukt. Ausschlaggebend für den Geschmack sind vor allem der Poliergrad des Reises sowie die Wasserhärte. Wenn Sake nicht gerade kalt oder warm aus speziellen Bechern und Holzwürfeln getrunken wird, findet er seinen Einsatz in der japanischen Küche.

Obwohl sein Herstellungsverfahren aus Korea und China eingeführt wurde, ist der Shochu in der japanischen Hafenstadt Kagoshima beheimatet. Gerste, Süßkartoffel, Zuckerrohr oder Reis werden als Grundzutaten für das Destillat verwendet. Der »japanische Vodka«, wie er mitunter genannt wird, liegt vom Alkoholgehalt her um einiges höher als Sake. Auch im Geschmack finden sich Unterschiede: Shochu ist weniger fruchtig als Sake und eignet sich daher eher für Cocktails als für den puren Genuss.

Sake- & Shochu-Cocktails

Das Polieren von Reis vermindert den Ertrag, bringt aber komplexere, leichtere und feinere Aromen zur Geltung. Eine hohe Politur des Reiskorns erhöht den Preis, der Reis kann aber auch bei übermäßiger Politur an Geschmack verlieren, denn dadurch entfernt man Mineralstoffe, Proteine und Fette der äußeren Reisschicht, was den Gärprozess negativ beeinflussen kann. Anschließend bestäubt man den Reis mit dem Koji-Schimmelpilz und lagert ihn feucht, um die Gärung anzuregen.

Es gibt an die 60 Sorten Sake-Reis, aus denen die Hersteller ihren Grundstoff aussuchen. Nach der Gärung des Reiskorns wird den meisten Sake noch ein wenig Braualkohol zugegeben, der meist aus Melasse, Zuckerrüben oder Süßkartoffeln bestehet.

Sorten von Sake:

- Junmai – Polierrate von mindestens 70 %
- Junmai Ginjo – Polierrate von mindestens 60 %
- Junmai Daiginjo – Polierrate von mindestens 50 %
- Honjozo – Polierrate von mindestens 70 %, Zugabe von Alkohol
- Ginjo – Polierrate von mindestens 60 %, Zugabe von Alkohol
- Daiginjo – Polierrate von mindestens 50 %, Zugabe von Alkohol

Shochu galt lange Zeit als Arme-Leute-Schnaps, doch inzwischen wird in Japan mehr Shochu als Sake getrunken. Der Shochu wird ebenfalls mithilfe des Schimmelpilzes Koji vergoren. Die unterschiedlichen Ausgangsstoffe sorgen für die verschiedenen Geschmäcker.

Shochu-Sorten:

- Korui Shochu – leichter Brand
- Otsurui Shochu – aromatischerer, würzigerer Brand

Damn it Jimmy

↓

4,5 cl Sake
4,5 cl Rum weiß
0,75 cl Fino Sherry
0,75 cl Belsazar Dry Vermouth
0,5 cl Zuckersirup (siehe Seite 187)

•

GARNITUR
grüne Olive
mit Blauschimmelkäse gefüllt

•

ZUBEREITUNG
Im Rührglas auf Eiswürfeln ca. 10 Sekunden vorsichtig verrühren und ins Glas abseihen. Mit Olive garnieren.

•

Glas: Martiniglas

2008

Simon Difford,
The Cabinet Room, London

Japonais 75

↓

4 cl Shochu
0,75 cl Zuckersirup (siehe Seite 187)
15 cl Ginger-Ale

•

GARNITUR
lang gezogene Zitronenzeste

•

ZUBEREITUNG
Im Champagnerglas vorsichtig verrühren. Mit Zitronenzeste garnieren.

•

Glas: Champagnerglas

Koku Sour

↓

6 cl Shochu
3 cl frisch gepresster Zitronensaft
2 cl Zuckersirup (siehe Seite 187)

•

GARNITUR
Zitronenzeste
Stielkirsche

•

ZUBEREITUNG
Im Shaker auf Eiswürfeln ca. 10 Sekunden kräftig schütteln und ins Glas abseihen. Mit Zitronenzeste und Stielkirsche garnieren.

•

Glas: Tumbler – Old-Fashioned-Glas

Lychee Sake Martini

↓

6 cl Sake
4,5 cl Ketel One Vodka
3 cl Lycheesirup (Sirup aus der Dose, in dem die Lychees eingelegt sind)
2 Lychees (aus der Dose)

•

GARNITUR
Lychee

•

ZUBEREITUNG
Im Shaker auf Eiswürfeln ca. 10 Sekunden kräftig schütteln und ins Glas abseihen. Mit Lychee garnieren.

•

Glas: Cocktailschale – Coupe

MT. Fuji

↓

6 cl Shochu
2 cl frisch gepresster Zitronensaft
1,5 cl Zuckersirup (siehe Seite 187)
2 cl Granatapfelsaft
2 Basilikumblätter

•

GARNITUR
Apfelscheibe

•

ZUBEREITUNG
Im Shaker auf Eiswürfeln ca. 10 Sekunden kräftig schütteln und ins Glas abseihen. Mit Apfelscheibe garnieren.

•

Glas: Martiniglas

Old Fashioned Samurai

↓

6 cl Sake
1 cl Zuckersirup (siehe Seite 187)
4 dashes The Bitter Truth Orange Bitters

•

GARNITUR
Orangenzeste
Zitronenzeste
Stielkirsche

•

ZUBEREITUNG
Im Rührglas auf Eiswürfeln ca. 10 Sekunden vorsichtig verrühren und ins Glas abseihen. Mit Zesten und Stielkirsche garnieren.

•

Glas: Tumbler – Old-Fashioned-Glas

Sake Martini

↓

6 cl Sake
6 cl Tanqueray No. 10 Gin
4 cl Belsazar Dry Vermouth

•

GARNITUR
Apfelscheibe

•

ZUBEREITUNG
Im Rührglas auf Eiswürfeln ca. 10 Sekunden vorsichtig verrühren und ins Glas abseihen. Mit Apfelscheibe garnieren.

•

Glas: Martiniglas

Tokyo Mule

↓

6 cl Shochu
1 cl frisch gepresster Limettensaft
15 cl Thomas Henry Ginger Beer

•

GARNITUR
Limettenzeste

•

ZUBEREITUNG
Im Longdrinkglas vorsichtig verrühren. Mit Limettenzeste garnieren.

•

Glas: Longdrinkglas oder Kupferbecher

White Mountain

↓

3 cl Sake
2 cl Pfirsichlikör
1 cl frisch gepresster Limettensaft

•

GARNITUR
¼ Limette

•

ZUBEREITUNG
Alle Zutaten im Shaker 10 Sekunden lang schütteln und ins Glas mit Eiswürfeln abseihen.

•

Glas: Martiniglas

Pisco- & Cachaça-Cocktails

Pisco wird auch der Brandy Lateinamerikas genannt. Bei der Frage, wer ihn erfunden haben soll, scheiden sich die Geister – Peru und Chile heißen die beiden Streithähne, die diesen Titel jeweils für sich beanspruchen. Dabei unterscheiden sich die zwei Varianten deutlich voneinander. Chilenischer Pisco wird aus diversen süßen Traubensorten destilliert und erhält eine kurze Ruhezeit, bevor er mit Wasser auf Trinkstärke herabgesetzt wird. Peruanischer Pisco zeichnet sich durch eine etwas elegantere Art aus. Die einzige Zutat, die in beiden Cocktails Verwendung findet, ist der fermentierte Traubenmost. Was das Mixen betrifft, sind der chilenische und der peruanische Pisco gleichermaßen gut zu handeln – am besten, der Bartender geht auf den individuellen Gästewunsch ein.

Wer kennt nicht die weltberühmte Caipirinha, die auch bei uns gern an heißen Tagen bestellt wird und die jeder Bartender aus dem Effeff beherrscht? Die Hauptzutat ist Cachaça, eine brasilianische Spirituose, die auf Zuckerrohrsaft basiert. Ca. 6000 Unternehmen, darunter viele bäuerliche Betriebe, haben sich auf die Produktion spezialisiert und vertreiben ihre Erzeugnisse oftmals nur in Brasilien. Wie bei den Cognacs gibt es auch im Bereich der Cachaças Qualitätsunterschiede. Vergleichbar mit einem lang gereiften Cognac können auch gut gelagerte Cachaças hohe Preise erzielen.

PISCO SOUR

Waren es die Chilenen oder die Peruaner? Diese Frage ist beim Pisco Sour genauso umstritten wie die, wer den Pisco selbst als Erstes erfunden hat. Als schriftlich dokumentierter erster Nachweis des Pisco Sour gilt eine Anzeige der Morris Bar in Lima. Der mit oder ohne Eiweiß zubereitete Cocktail ist eine Ableitung des Whiskey Sour und gehört zur Sour-Familie.

↓

6 cl Pisco
3 cl frisch gepresster Zitronensaft
2 cl Zuckersirup (siehe Seite 187)
1 Eiweiß

•

TOPPING
3 dashes The Bitter Truth Aromatic Bitters

•

GARNITUR
keine

•

ZUBEREITUNG
Im Shaker auf Eiswürfeln ca. 10 Sekunden kräftig schütteln, Bitters on top auf die Schaumkrone geben.

•

Glas: Sour-Glas

•

Nationalgetränk von Chile und Peru

CAIPIRINHA

Wird Caipirinha wirklich mit weißem statt braunem Zucker zubereitet und tatsächlich geschüttelt anstatt im Glas gebaut? »Ja« ist die Antwort auf beide Fragen, auch wenn sich viele Intellektuelle um den Drink tummeln und meinen, ihn irgendwo im Dorf doch anders bekommen zu haben. Auf nach Brasilien, ab an den Strand und an die Bar, einen hochwertigen Cachaça aussuchen und schütteln lassen, dann genießen und staunen.

↓

6 cl Cachaça
1 Limette
3 BL weißer Rohrzucker oder
2 cl Zuckersirup (siehe Seite 187)

•

GARNITUR
keine

•

ZUBEREITUNG
Im Shaker auf Eiswürfeln ca. 10 Sekunden kräftig schütteln und ins Glas abseihen.

•

Glas: Tumbler – Old-Fashioned-Glas

•

Nationalgetränk Brasiliens

Pisco- & Cachaça-Cocktails

Ein sehr bekannter Pisco-Cocktail ist der Pisco Sour, der auf verschiedene Arten zubereitet wird. Zur Vereinfachung nehmen viele Bartender den Blender zur Hand – wer jedoch einen tollen Pisco Sour zaubern will, sollte den Shaker verwenden.

Chilenischer Pisco:

- Pisco Transparente / Pisco Blanco
- Pisco de Guarda
- Pisco Envejecido

Peruanischer Pisco:

- Acholado
- Puro
- Mosto Verde
- Mosto Verde Acholado

Cachaça eignet sich hervorragend als Basis für Cocktails, er passt doch am besten zu geschmackvollen süßen Kräutern wie Minze oder zu Zitrusfrüchten – und natürlich zur Caipirinha.

Batida de Abacaxi

↓

6 cl Cachaça
6 cl frisch gepresster Ananassaft
3 cl Kondensmilch
1,5 cl Zuckersirup (siehe Seite 187)

•

GARNITUR
¼ Ananasscheibe

•

ZUBEREITUNG
Alle Zutaten im Shaker 10 Sekunden lang schütteln und ins Glas mit Eiswürfeln abseihen.

•

Glas: Longdrinkglas

Batida Rosa

↓

6 cl Cachaça
3 cl frisch gepresster Ananassaft
3 cl frisch gepresster Zitronensaft
2 cl Grenadine
6 cl Thomas Henry Soda Water

•

GARNITUR
¼ Ananasscheibe

•

ZUBEREITUNG
Alle Zutaten außer Soda-Wasser im Shaker 10 Sekunden lang schütteln und ins Glas mit Eiswürfeln abseihen. Mit Sodawasser auffüllen und kurz rühren.

•

Glas: Longdrinkglas

Dulchin

↓

6 cl Pisco Italia
1,5 cl Grand Marnier
1,5 cl Apricot Brandy
1 cl Rose's Limejuice
1 cl Grenadine

•

GARNITUR
Orangenzeste

•

ZUBEREITUNG
Alle Zutaten im Shaker 10 Sekunden lang schütteln und ins Glas mit Eiswürfeln abseihen. Mit Orangenzeste garnieren.

•

Glas: Coupette

Grande Elixier Cocktail

↓

5 cl Cachaça
2,5 cl Chartreuse Gelb
1,5 cl Honigsirup
1,5 cl frisch gepresster Zitronensaft

•

GARNITUR
Zitronenzeste

•

ZUBEREITUNG
Alle Zutaten im Shaker 10 Sekunden lang schütteln und ins Glas mit Eiswürfeln abseihen. Mit Zitronenzeste garnieren.

•

Glas: Coupette

Ironbound

↓

3 cl Cachaça
3 cl Applejack Brandy
1,5 cl Bénédictine D.O.M.
0,5 cl Zuckersirup
2 dashes The Bitter Truth Creole Bitters

•

GARNITUR
Zitronenzeste

•

ZUBEREITUNG
Im Rührglas auf Eiswürfeln ca. 10 Sekunden vorsichtig verrühren und ins Glas abseihen. Mit Zitronenzeste garnieren.

•

Glas: Tumbler

Orinoco Cocktail

↓

6 cl Cachaça
4,5 cl naturtrüber Apfelsaft
1 cl Fino Sherry
0,5 cl weißer Crème de Cacao
1 cl Mandelsirup

•

GARNITUR
Kakaopulver

•

ZUBEREITUNG
Alle Zutaten im Shaker 10 Sekunden lang schütteln und ins Glas mit Eiswürfeln abseihen.

•

Glas: Coupette

Pichuncho Cocktail

↓

6 cl Pisco Italia
4 cl Belsazar Red Vermouth
1 cl Zuckersirup (siehe Seite 187)

•

GARNITUR
Orangenzeste

•

ZUBEREITUNG
Im Rührglas auf Eiswürfeln ca. 10 Sekunden vorsichtig verrühren und ins Glas abseihen. Mit Orangenzeste garnieren.

•

Glas: Martiniglas

Pini

↓

6 cl Pisco Italia
1,5 cl Hennessy Cognac
1 cl weißer Crème de Cacao
1 cl Zuckersirup (siehe Seite 187)

•

GARNITUR
Maraschino-Kirsche

•

ZUBEREITUNG
Im Rührglas auf Eiswürfeln ca. 10 Sekunden vorsichtig verrühren und ins Glas abseihen.

•

Glas: Martiniglas

Pisco Kid

↓

6 cl Pisco Italia
1 cl weißer Crème de Cacao
1,5 cl Sauvignon-Blanc-Wein
0,5 cl Fino Sherry

•

GARNITUR
Orangenzeste
Stück weiße Schokolade

•

ZUBEREITUNG
Im Rührglas auf Eiswürfeln ca. 10 Sekunden vorsichtig verrühren und ins Glas abseihen.

•

Glas: Coupette

•

Cocktail inspiriert von Nestle, Milkybars

Pisco Punch

↓

6 cl Pisco
3 cl frisch gepresster Zitronensaft
2 cl Ananassirup

•

GARNITUR
Ananaswürfel

•

ZUBEREITUNG
Im Shaker auf Eiswürfeln ca. 10 Sekunden kräftig schütteln und ins Glas abseihen. Mit Ananaswürfeln garnieren.

•

Glas: Sourglas

Ende 18. Jh.

Duncan Nicol, San Francisco

MOËT
CHANDON

Champagner-Cocktails

Der französische Schaumwein ist eines meiner Lieblingsgetränke, die ich auch mal zwischendurch genieße. Und er ist ein ständiger Begleiter, der mich erfrischt, nicht nur an heißen Sommertagen. Es gibt einige Schaumweine – Champagner darf sich allerdings nur derjenige nennen, der im Departement Champagne mit der »Méthode champenoise« hergestellt wird. Gern und vielfältig wird er in Mixgetränken verwendet, wobei zu beachten ist, dass der Cocktail in der gleichen Zeit zubereitet werden muss, in der man ein Glas Champagner einschenkt. Wird der Drink mit Champagner getoppt, sollten nicht zu viele Aromen im Spiel sein, damit er sich ebenso wie der Cocktail selbst entfalten kann.
Ich bin der Meinung, dass es zu einem Champagner-Cocktail keine Alternative mit Prosecco, Cava oder Crémant geben darf. Denn Champagner ist der König unter den Schaumweinen, das sollte auch der Qualitätsanspruch jeden Bartenders sein.

FRENCH 75

Vom berühmten Harry MacElhone in Harry's New York Bar erfunden, wurde der French um 1915 bekannt und im Buch** Here's How **von Judge Jr. aufgeschrieben. Auch das** Savoy Cocktail Book **von Harry Craddock aus dem gleichnamigen Hotel trug dazu bei, den Cocktail populär zu machen. David Embury listet das Rezept unter einem anderen Namen und mit einer anderen Basiszutat, nämlich Cognac statt Gin – das sei »französischer«.

↓

3 cl Tanqueray No. 10 Gin
1,5 cl frisch gepresster Zitronensaft
1 cl Zuckersirup (siehe Seite 187)

•

TOPPING
10 cl Moët & Chandon Brut Champagner

•

GARNITUR
Zitronenzeste

•

ZUBEREITUNG
Im Shaker auf Eiswürfeln ca. 10 Sekunden kräftig schütteln, anschließend mit Champagner toppen. Mit Zitronenzeste garnieren.

•

Glas: Champagnerglas

1930

Harry Craddock,
The Savoy Cocktail Book,
American Bar,
Savoy Hotel, London

BELLINI

Champagner, Prosecco, Champagner, Prosecco … Was benutze ich am besten, und womit wurde der originale Bellini aufgespritzt? Champagner ist die richtige Antwort für den Bellini, der von Giuseppe Cipriani in seiner berühmten Harry's Bar in Venedig erfunden wurde. Die aromatischen Weinbergpfirsiche, die püriert werden, ergeben mit dem Champagner eine puristische Symbiose. Besonders während der Sommermonate ist der Bellini auf jeder Cocktailkarte ein Muss.

↓

5 cl weißes Pfirsichpüree
(idealerweise Bergpfirsich)
12 cl Moët & Chandon Brut
Champagner

•

GARNITUR
keine

•

ZUBEREITUNG
Im Champagnerglas vorsichtig verrühren.

•

Glas: Champagnerglas

1948

Guiseppe Cipriani,
Harry's Bar,
Venedig

MOËT

AIR MAIL

Die Post ist da, direkt aus dem Flugzeug – zur damaligen Zeit die schnellste Art der Kommunikation. Der Air Mail ist für die Liebhaber von Rum und Champagner unumgänglich und hat seinen Platz neben anderen Champagner-Cocktails längst eingenommen. Der Air Mail soll eine Abwandlung des French 75 sein und erschien erstmals im Buch Here's How von W. C. Whitfield im Jahr 1941.

↓

3 cl Rum weiß
1,5 cl frisch gepresster Limettensaft
1,5 cl Honigsirup (siehe Seite 187)

•

TOPPING
10 cl Moët & Chandon Brut
Champagner

•

GARNITUR
keine

•

ZUBEREITUNG
Im Shaker auf Eiswürfeln ca. 10 Sekunden kräftig schütteln, in das Champagnerglas abseihen und mit Champagner toppen.

•

Glas: Champagnerglas

1941

W. C. Whitfield,
Here's How

Champagner-Cocktails

Die Beschaffenheit des Terroirs war ausschlaggebend für die Auswahl derjenigen Rebsorten, die den natürlichen Gegebenheiten am besten entsprechen. Heute werden für Champagner überwiegend Pinot noir, Meunier und Chardonnay verwendet. Die weißen Trauben Arbanne, Petit Meslier, Pinot blanc und Pinot gris sind ebenfalls zugelassen und machen weniger als 0,4 % der Rebfläche aus.

Rebsorten des Champagners:

- Pinot noir – kraftvolle, körperreiche Weine, die Tiefe und Charakter verleihen
- Pinot Meunier – diese Reben sind rund und fruchtig
- Chardonnay – verleiht frische und floral-mineralische Aromen

Ausschließlich die Ganztraubenpressung ist erlaubt. Nach der Gärung kommt die Fermentation, wobei Bakterien die Apfelsäure in Milchsäure umwandeln und harmonisieren. Der anschließenden Klärung der Weine folgt eine Assemblage (Zusammenstellung).

Flaschengärung: Die Weine werden in Flaschen abgefüllt und durch eine Fülldossage erneut zur Gärung gebracht. Die Flaschen werden mit Kronkorken verschlossen und 6–8 Wochen der Gärung überlassen.

Hefesatz: Champagner muss laut Gesetz mindestens 15 Monate auf der Hefe liegen, bei Jahresangaben mindestens drei Jahre. Durch das sogenannte Rütteln wird der Hefesatz behutsam entfernt, ohne den Champagner zu beschädigen.

Dosage: Durch das Entfernen des Hefesatzes entsteht eine Fehlmenge, die durch Hinzufügen von Wein und Zucker ausgeglichen wird.

Black Velvet

↓

5 cl Guinness
10 cl Moët & Chandon Brut Champagner

•

GARNITUR
keine

•

ZUBEREITUNG
Im Tumbler vorsichtig verrühren.

•

Glas: Tumbler

1861

Brooks's Club, London

Buck's Fizz

↓

5 cl frisch gepresster Orangensaft
12 cl Moët & Chandon Brut Champagner

•

GARNITUR
keine

•

ZUBEREITUNG
Im Champagnerglas vorsichtig verrühren.

•

Glas: Champagnerglas

1930

Harry Craddock, The Savoy Cocktail Book
American Bar, Savoy Hotel, London

Champagne Julep

↓

10 Minzblätter
10 cl Moët & Chandon Brut Champagner
1 cl Zuckersirup (siehe Seite 187)

•

TOPPING
1 cl Hennessy Cognac

•

GARNITUR
Minzzweig

•

ZUBEREITUNG
Im Becher Minzblätter mit Zuckersirup übergießen und zerdrücken. Champagner dazugeben, mit crushed ice auffüllen und verrühren. Mit Cognac toppen und mit Minzzweig garnieren.

•

Glas: Julepbecher

Champagne Punch

↓

FÜR 4–6 PERSONEN

2 Orangen
10 frische Erdbeeren
½ Ananas
Blätter von 10 Minzzweigen
5 cl Hennessy Cognac
5 cl Cointreau
50 cl Sodawasser
1 Flasche Moët & Chandon Brut Champagner

•

GARNITUR
keine

•

ZUBEREITUNG
Aus einer Orange sechs Zesten herausschneiden, die zweite Orange in schöne Scheiben schneiden. Erdbeeren halbieren, Ananas in Stücke schneiden. Alle Zutaten samt Eiswürfeln in eine Bowl geben und vorsichtig verrühren.

•

Glas: Tasse

ca. 1920er

Champagner Cocktail

↓

1 Würfelzucker
2 dashes The Bitter Truth Aromatic Bitters
10 cl Moët & Chandon Brut Champagner

•

GARNITUR
Zitronenzeste

•

ZUBEREITUNG
Im Champagnerglas vorsichtig verrühren. Mit Zitronenzeste garnieren.

•

Glas: Champagnerglas

1862

Jerry Thomas,
The Bar-Tender's Guide

Death in the Afternoon

↓

4 cl Absinth
12 cl Moët & Chandon Brut Champagner

•

GARNITUR
keine

•

ZUBEREITUNG
Im Champagnerglas vorsichtig verrühren.

•

Glas: Champagnerglas

1935

Ernest Hemingway,
So Red the Nose or Breath in the Afternoon

James Bond

↓

1 Zuckerwürfel
2 dashes The Bitter Truth Aromatic Bitters
3 cl Ketel One Vodka

•

TOPPING
10 cl Moët & Chandon Brut Champagner

•

GARNITUR
keine

•

ZUBEREITUNG
Im Champagnerglas vorsichtig verrühren.

•

Glas: Champagnerglas

Jubal Early Punch

↓

2 cl Hennessy Cognac
2 cl Michter's Bourbon Whiskey
1,5 cl frisch gepresster Zitronensaft
1,5 cl Zuckersirup (siehe Seite 187)
2 cl stilles Wasser
10 cl Moët & Chandon Brut Champagner

•

GARNITUR
keine

•

ZUBEREITUNG
In einer großen Tasse vorsichtig verrühren.

•

Glas: Tasse

Kir Royal

↓

1 cl Crème de Cassis
12 cl Moët & Chandon Brut Champagner

•

GARNITUR
keine

•

ZUBEREITUNG
Im Champagnerglas vorsichtig verrühren.

•

Glas: Champagnerglas

•

Felix Kir, Frankreich

Max Joseph

↓

2 cl Calvados
1 cl weißer Port
1 cl Apricot Brandy
2 dashes The Bitter Truth Orange Bitters
10 cl Moët & Chandon Brut Champagner

•

GARNITUR
Amarena-Kirsche

•

ZUBEREITUNG
Alle Zutaten außer Champagner im Rührglas auf Eiswürfeln ca. 10 Sekunden vorsichtig verrühren und ins Glas abseihen, mit Chamapgner auffüllen und kurz rühren.

•

Glas: Coupette

•

Hauscocktail des berühmten Restaurants Aubergine in München (geschlossen)

Mimosa

↓

10 cl frisch gepresster Orangensaft
5 cl Moët & Chandon Brut Champagner

•

GARNITUR
keine

•

ZUBEREITUNG
Im Champagnerglas vorsichtig verrühren.

Glas: Champagnerglas

1930

Harry Craddock, The Savoy Cocktail Book, American Bar, Savoy Hotel, London

---

Negroni Spagliato

↓

3 cl Campari
3 cl Belsazar Red Vermouth
6 cl Moët & Chandon Brut Champagner

•

GARNITUR
Orangenzeste

•

ZUBEREITUNG
Im Tumbler vorsichtig verrühren. Mit Orangenzeste garnieren.

•

Glas: Tumbler – Old-Fashioned-Glas

•

Bar Basso, Mailand

Ohio

↓

2 cl Michter's Rye Whiskey
2 cl Belsazar Red Vermouth
0,5 cl Triple Sec
2 dashes The Bitter Truth Aromatic Bitters
10 cl Moët & Chandon Brut Champagner

•

GARNITUR
keine

ZUBEREITUNG
Im Rührglas auf Eiswürfeln ca. 10 Sekunden vorsichtig verrühren, ins Champagnerglas abseihen und mit Champagner toppen.

•

Glas: Champagnerglas

Pick me up

↓

3 cl Hennessy Cognac
1 cl frisch gepresster Zitronensaft
0,5 cl Zuckersirup (siehe Seite 187)
0,5 cl Grenadine
1 dash The Bitter Truth Aromatic Bitters

•

TOPPING
10 cl Moët & Chandon Brut Champagner

•

GARNITUR
keine

•

ZUBEREITUNG
Im Shaker auf Eiswürfeln ca. 10 Sekunden kräftig schütteln, in das Champagnerglas abseihen und mit Champagner toppen.

•

Glas: Champagnerglas

Ritz

↓

2 cl Hennessy Cognac
2 cl frisch gepresster Orangensaft
1 cl Cointreau

•

TOPPING
10 cl Moët & Chandon Brut Champagner

•

GARNITUR
keine

•

ZUBEREITUNG
Im Shaker auf Eiswürfeln ca. 10 Sekunden kräftig schütteln, in das Champagnerglas abseihen und mit Champagner toppen.

•

Glas: Champagnerglas

•

Ritz Hotels

Seelbach Cocktail

↓

3 cl Michter's Bourbon Whiskey
1,5 cl Cointreau
6 dashes The Bitter Truth Aromatic Bitters
6 dashes Peychaud's Bitters oder The Bitter Truth Creole Bitters

•

GARNITUR
Orangenzeste

ZUBEREITUNG
Im Champagnerglas vorsichtig verrühren. Mit Orangenzeste garnieren.

•

Glas: Champagnerglas

1917

Seelbach Hotel, Louisville

The Champagne Flamingo

↓

2 cl Ketel One Vodka
2 cl Campari
12 cl Moët & Chandon Brut Champagner

•

GARNITUR
Zitronenzeste

•

ZUBEREITUNG
Im Champagnerglas vorsichtig verrühren. Mit Zitronenzeste garnieren.

•

Glas: Champagnerglas

Liqueur-Cocktails

Liköre sind aromatische alkoholhaltige Spirituosen mit sehr hohem Zuckergehalt. Bereits seit dem 13. Jahrhundert wurden sie in der Medizin eingesetzt und als Genussmittel konsumiert. Die heutigen EU-Bestimmungen sehen vor, dass jeder Liter Likör einen Zuckergehalt von 100 Gramm aufweist. Für Cocktails benutzen wir Liköre weniger als Grundbasis denn als sogenannte Flavouring Agents, sprich Aromageber. Die vielen verschiedenen Farben gelangen als natürliche oder industrielle Farbstoffe in das Produkt. Als Vorreiter der heutigen Liköre dienen die in der Antike aromatisierten Weine der Griechen und Römer. Bols, De Kuyper und Marie Brizard sind die ältesten Hersteller für Liköre und auch in Bars die gebräuchlichsten. Doch der absolute Liebling unter Bartendern ist der in Klöstern hergestellte Chartreuse.

APEROL SPRITZ

Aperol, Aperol, Aperol ... An jeder Ecke, in jedem Café, in jeder Bar und in jedem Restaurant findet man den Sommerdrink schlechthin. Der Aperol Spritz, im Original mit Prosecco, einem Spritzer Soda und einer Orangenscheibe, versüßt Frau und Mann den Frühabend zum Aperitif oder weit danach.

↓

4 cl Aperol
6 cl Prosecco
2 cl Thomas Henry Soda Water

•

GARNITUR
Orangenscheibe

•

ZUBEREITUNG
In ein Weinglas auf Eiswürfel geben und vorsichtig umrühren. Mit Orangenscheibe garnieren.

•

Glas: Weinglas

•

Aus Norditalien

APOTHEKE

Apotheke – nicht umsonst wurde dieser Cocktail so getauft. Ob Grippe oder andere Viren und Bakterien: Dieser Drink hilft einem wieder auf die Beine, sagt man. Natürlich sollte man bei einer ernsthaften Erkrankung seinen Hausarzt aufsuchen, aber immerhin wirkt die Apotheke angenehm bei Halskratzen und hebt die Stimmung sicherlich etwas an.

↓

3 cl Fernet Branca
3 cl Punt e Mes
2 cl Crème de Menthe Verte
1 dash The Bitter Truth Aromatic Bitters

•

GARNITUR
keine

•

ZUBEREITUNG
Im Rührglas auf Eiswürfeln ca. 10 Sekunden vorsichtig verrühren und ins Glas abseihen.

•

Glas: Martiniglas

PIMM'S NO. 1 CUP

Spiel, Satz und Sieg. Wimbledon, Tennis und Pimm's Cup werden normalerweise in einem Atemzug genannt. Der herrliche Pimm's, aufgefüllt mit Sprite (mit Ginger-Ale nennt er sich Rangoon) und garniert mit diversen Früchten, ist unglaublich angenehm zu trinken. Und so bleibt es meist nicht nur bei einem, natürlich nur der Früchte wegen ...

↓

5 cl Pimm's No. 1
15 cl Zitronenlimonade
Gurkenschale

•

GARNITUR
Früchte der Saison
Gurkenschale

•

ZUBEREITUNG
Im Longdrinkglas vorsichtig verrühren. Gurkenschale dazugeben und mit Früchten der Saison und Gurkenschale garnieren.

•

Glas: Longdrinkglas

1823

James Pimm,
Pimm's Oyster Bar, London

PRAIRIE OYSTER

Ein Cocktail mit Ketchup?! Okay, die Bloody Mary ist mit Tomatensaft, aber Ketchup in einem Drink, dazu mit rohem Eigelb und Gewürzen? Also doch eine Bloody Mary! Nein, die Zusammenstellung hört sich zwar ähnlich an, aber die Prairie Oyster hat andere aufeinandertreffende Texturen, wird alkoholfrei serviert und wenn möglich in einem Schluck getrunken. Dafür sollte das Glas vorher mit Olivenöl ausgeschwenkt werden, damit der Drink besser in den Rachen »flutscht«.

↓

2 BL Ketchup
6 dashes Worcestershiresauce
0,5 cl frisch gepresster Zitronensaft
2 dashes Tabasco
1 Prise Salz
1 Prise Pfeffer
1 Eigelb

•

GARNITUR
keine

•

ZUBEREITUNG
Im Rührglas Zutaten mit Ausnahme des Eigelbs miteinander mischen. Ins Martiniglas füllen, das Eigelb hinzugeben und in einem Schluck austrinken.

•

Glas: Martiniglas

1930

Harry Craddock, The Savoy Cocktail Book, American Bar, Savoy Hotel, London

Liqueur-Cocktails

After Eight

↓

2 cl Crème de Menthe Grün
4 cl Schokoladenlikör
1 Tasse heißer Kaffee
1 EL leicht geschlagene Sahne

•

GARNITUR
1 TL Schokoladenraspel

•

ZUBEREITUNG
Alle Zutaten außer der Sahne zusammen ins Glas geben und verrühren. Die Sahne als Haube draufsetzen und mit Schokoladenraspel garnieren.

•

Glas: Coupette

Cassis Lady

↓

3 cl Crème de Cassis
1,5 cl Kirschwasser
1,5 cl Belsazar trockener Wermut

•

GARNITUR
Orangenzeste

•

ZUBEREITUNG
Im Rührglas auf Eiswürfeln ca. 10 Sekunden vorsichtig verrühren und ins Glas abseihen.

•

Glas: Martiniglas

Cherry Blossom

↓

2 cl Cherry Heering Liqueur
2 cl Hennessy Cognac
1 cl Cointreau
1 cl Grenadine
2 cl frisch gepresster Zitronensaft

•

GARNITUR
keine

•

ZUBEREITUNG
Alle Zutaten im Shaker 10 Sekunden lang schütteln und ins Glas mit Eiswürfeln abseihen.

•

Glas: Martiniglas

Ferrari

↓

3 cl Amaretto
6 cl Belsazar Dry Vermouth

•

GARNITUR
1 TL Schokoladenraspel

•

ZUBEREITUNG
Im Rührglas auf Eiswürfeln ca. 10 Sekunden vorsichtig verrühren und ins Glas abseihen.

•

Glas: Martiniglas

Grasshopper

↓

3 cl Crème de Menthe Verte
3 cl Crème de Cacao weiß
4 cl Sahne

•

GARNITUR
Minzblatt

•

ZUBEREITUNG
Im Shaker auf Eiswürfeln ca. 10 Sekunden kräftig schütteln und ins Glas abseihen. Mit Minzblatt garnieren.

•

Glas: Martiniglas

•

Philibert Guichet,
Tujaque's Bar, New Orleans

Kir Cassis

↓

1 cl Crème de Cassis
15 cl weißer Burgunder

•

GARNITUR
keine

•

ZUBEREITUNG
Im Rührglas auf Eiswürfeln ca. 10 Sekunden vorsichtig verrühren und ins Glas abseihen.

•

Glas: Weinglas

Sirups & Säfte

Ohne Zutaten wie Säfte und Sirups funktionieren bestimmte Cocktail-Kategorien nur selten. Hierbei sollten nur die besten und frischesten Säfte zum Einsatz kommen. So verzichten wir gerade bei Zitrussäften auf Fertigprodukte. Denn wer die frischen Früchte à la minute presst oder zumindest am selben Tag vorbereitet, erhält die richtige Balance zwischen Säure und Süße, die für Sours oder Fizzes notwendig ist. Doch auch wenn es an die Süße oder das Topping geht, gibt es verschiedene Möglichkeiten, Aromen herzustellen, die hier aufgezeigt werden.

SIRUPS

DEMERARASIRUP

500 g braunen Zucker mit **1 l heißem Wasser** aufkochen. Sobald sich der Zucker aufgelöst hat, abkühlen lassen und in eine saubere klare Flasche abfüllen. Haltbarkeit: zwei Wochen.

HONIGSIRUP

500 g guten (Wald-)Honig mit **500 ml Wasser** auf leiser Flamme erhitzen. Dabei so lange rühren, bis sich der Honig aufgelöst hat.

Honigsirup eignet sich hervorragend als Süßungsmittel und kommt in unserer Bar Circle im Hearthouse sehr oft zum Einsatz. Er gibt den Cocktails noch mal den gewissen Touch und harmoniert hervorragend mit dunklen sowie weißen Spirituosen.

INGWERSIRUP

100 g Ingwer in Scheiben schneiden. **1 l Zuckersirup** (siehe rechts) aufkochen und auf mittlerer Hitze köcheln lassen. Ingwerscheiben dazugeben, vom Herd nehmen und eine Stunde ziehen lassen. Abkühlen lassen, mit einem Sieb filtern, in eine saubere Flasche abfüllen und kalt stellen.

KAROTTENSIRUP

1 kg Karotten schälen und klein schneiden. Zusammen mit **1 l Zuckersirup** (siehe rechts) aufkochen, die Hitze um die Hälfte reduzieren und das Ganze köcheln lassen. Anschließend **100 ml Karottensaft** dazugeben und umrühren. Bei leiser Flamme den Sirup so lange einkochen, bis sich das Volumen halbiert hat. Abkühlen lassen. Filtern, in eine saubere Flasche abfüllen und kalt stellen.

TOGARASHI-SIRUP

15 g Togarashi mit **1 l Zuckersirup** (siehe rechts) vermengen und aufkochen. An einem kühlen Ort eine Stunde ziehen lassen. Durch einen Kaffeefilter abseihen und in eine saubere Flasche abfüllen.

Togarashi ist auch unter dem Namen Shichimi-Gewürz bekannt, das aus sieben verschiedenen Zutaten besteht: Mandarinenschale, rote Chilischoten, Sesamsamen, Mohnsamen, Hanfsamen, Nori und gemahlener Sansho, ein Verwandter des Szechuanpfeffers.

VANILLESIRUP

2 Vanilleschoten auskratzen, die Schoten und das Mark beiseitestellen. **1 l Zuckersirup** (siehe unten) aufkochen, Vanilleschoten und Mark dazugeben und ständig rühren. Vom Herd nehmen und eine Stunde ziehen lassen. Filtern, in eine saubere Flasche abfüllen und kalt stellen.

ZIGARRENSIRUP

1 ganze Zigarre zerkleinern und in **1 l heißen Zuckersirup** (siehe unten) geben. Jetzt kommt der Clou: 15 – 20 Sekunden ziehen lassen, auf keinen Fall länger, da sonst der Sirup zu aromatisch wird und später im Hals kratzt. Sofort filtern und kalt stellen. Anschließend in eine saubere Flasche abfüllen.

ZUCKERSIRUP

500 g weißen Zucker mit **1 l heißem Wasser** aufkochen. Sobald sich der Zucker aufgelöst hat, abkühlen lassen und in eine saubere klare Flasche abfüllen. Haltbarkeit: zwei Wochen.

DIE 6 WICHTIGSTEN SÄFTE AN DER BAR

APFELSAFT

Beim Thema Apfelsaft kann man abwägen, für welchen Drink man welche Art von Saft einsetzen will. Ich würde natürlich auch hier frischem Apfelsaft den Vorzug geben, doch aufgrund vieler klassischer Cocktail-Rezepte reicht für den einfachen Gebrauch auch ein qualitativ hochwertiger naturtrüber Apfelsaft. Ich selbst nehme eine Mischung aus frischem und naturtrübem Apfelsaft aus der Region Boskoop, der durch eine sehr feine Säure heraussticht und sehr angenehm zum Geschmack des Cocktails beiträgt.

LIMETTENSAFT

Die Limette – berühmt geworden durch die Cocktails Mojito und Caipirinha – wird mittlerweile in jedem gut sortierten Supermarkt zum Kauf angeboten. Die Preise können je nach Jahreszeit variieren. Hier gelten die Barregeln, in jedem Fall immer frischen Limettensaft zu verwenden, keine ganzen Limetten in das Glas zu geben und nur den Saft zu gebrauchen.

ORANGENSAFT

Ich gönne mir persönlich jeden Tag ein Glas frisch gepressten Orangensaft. Sofern ich sie finde, ist für mich eine Blutorange aus Sizilien die absolute Krönung, doch eine normale Orange tut es natürlich auch. Den gleichen Anspruch habe ich bei meinen Drinks: Sie würden nur darunter leiden, wenn ich ein gekauftes Produkt oder gar ein Konzentrat einsetzen würde. Ein Tequila oder Vodka mit frischem Blutorangensaft und einem Schuss Bitter kann die Krönung jedes Sommers werden.

PINK GRAPEFRUITSAFT

Noch vor ein paar Jahren steckte er in den Kinderschuhen, mittlerweile hat er sich seinen Weg in die Top-Bars erklommen: Immer wieder und vermehrt kommt der Pink Grapefruitsaft in den neuen Cocktail-Interpretationen der Bartender zum Einsatz. Auch hier gilt: Bitte keine gekauften Säfte benutzen – frische Früchte haben sogar den Vorteil, dass die Schale aufgrund ihrer Festigkeit hervorragend abgezogen und als Garnitur verwendet werden kann. Nach jedem Auspressen sollte die Pink Grapefruit auf ihren Säuregrad hin kurz getestet werden, um dann dementsprechend die Cocktail-Mengen abzugleichen.

TOMATENSAFT

Hier darf zum ersten Mal ein gekauftes Produkt zum Einsatz kommen. Aber bitte auch nur in höchster verfügbarer Qualität. Testen Sie viele Säfte, bevor Sie sich für das absolut Beste entscheiden – für zu Hause, im Privaten, für Ihre Bar oder Ihr Restaurant. In vielen Fällen wird der Saft für den Cocktail Bloody Mary genutzt werden. Ich selbst verwende eine Mischung aus grünen und unreifen roten Tomaten und »klären« diese – so servieren wir quasi eine »geklärte« Bloody Mary, die so durchsichtig ist wie ein Glas Wasser.

ZITRONENSAFT

Zitronensaft wird als Säuerungsmittel für Speisen und Getränke verwendet, zudem wird ihm eine heilende Wirkung nachgesagt. Weil er in vielen klassischen Cocktails vorkommt, spielt er auch an der Bar eine elementare Rolle. Zitronensaft sollte immer frisch, am besten unmittelbar vor dem Gebrauch gepresst werden – von Fertigprodukten ist dringend abzusehen. Bars, die nicht die Zeit aufwenden können, nach jeder Bestellung Zitronen frisch zu entsaften, können die Früchte natürlich auch vorpressen. Vor der Abfüllung in die Flasche sollte der frische Saft unbedingt probiert werden, da der Säuregehalt teilweise sehr variieren kann und für den perfekten Cocktail der perfekte Säuregrad hergestellt werden sollte. Haltbarkeit: im Kühlschrank bis zu drei Tage.

Frische und Geschmack sind wesentlich bei Sirups und Säften. Deshalb sollte man immer frische und handverlesene Zutaten einkochen, der hohe Zuckergehalt sorgt für eine längere Haltbarkeit.

Essen an der Bar

Wer Alkohol trinkt, und das über den ganzen Abend, sollte vorher oder zwischendurch auf jeden Fall eine Mahlzeit zu sich nehmen. Weniger empfehlenswert ist eine deftige Mahlzeit nach dem Barbesuch. Wenn man es schon nach Hause geschafft hat, sollte ein Stück Käse oder ein belegtes Brot reichen. Von der Fertigpizza aus dem Ofen rate ich strikt ab, ebenso von einem Burgerladen-Besuch der großen Franchise-Ketten; der Döner hilft da schon eher.

Häufig gibt es bereits in der Bar etwas zu essen – das Bar Food. Dieser Begriff ist weit dehnbar, sodass ich nachfolgend genauer darauf eingehe: Was gehört alles zu Bar Food, und in welcher Form wird es serviert? So viel vorweg: Bar Food sollte in Form von kleinen Snacks oder Appetizern gereicht werden, die meist ohne viel Besteck auskommen.

Sandwiches sind der Klassiker: ein tolles Pastrami-Sandwich auf einem mit Senf bestrichenen Roggenbrot, ein open-faced Roastbeef-Sandwich, ein kaltes Lamm-Sandwich, ein Croque Monsieur, ein Lachs-Sandwich mit etwas Dillcreme, ein Truthahn-Sandwich mit Ei … Die Möglichkeiten sind unbegrenzt, wobei ich ein großer Fan der traditionellen Bar-Food-Angebote bin und daher die einfachen Sachen am besten finde. Dass in der Küche à la minute zubereitet wird, sollte selbstverständlich sein, denn Qualität und Frische sind oberstes Gebot.

Je nach Lage, Ort oder Gegebenheit sind in einer Bar vielerlei Gerichte zu finden. Ich finde es toll, wenn ich Folgendes auf den Bar-Food-Karten entdecke:

- Austern – *Fines de Claire* und *Bélon*
- Burger – das Fleisch nur von bester Qualität, dazu hausgemachte Brötchen
- *Steak Tartare* – frisch von Hand geschnitten und angemacht
- Schinken-, Salami- und Käseteller
- Hühnchen à la Chicken Wings nach hauseigenem Rezept
- Hühnchen Yakitori-Art
- Fleisch, am besten ein Entrecote, das in mundgerechte Stücke geschnitten ist
- Sardinen aus der Dose – einer meiner Favoriten, mit einem Stück Brot und einer Viertelzitrone serviert
- ein kleiner Salat, gerne mit Thunfisch
- Edamame (japanische Sojabohnen, dazu Meersalz)
- Carpaccio vom Rind (Harry's Bar)

Die Liste ist ewig erweiterbar, aber auch hier gilt Frische als oberstes Gebot. Das Essen kann auf dekorativen Tellern angerichtet werden, denn das Auge isst ja schließlich mit, wobei natürlich das Essen an sich im Vordergrund steht.

Ausstattung

Barwerkzeuge sind das A und O jeder Bar. Ein guter Koch mit stumpfem Messer ist wie ein Bartender mit einem schlechten Shaker. Es ist daher ratsam, sich vorher über das verfügbare Werkzeug zu informieren und sich je nachdem, welche Art von Cocktails man bevorzugt, die beste Ausstattung zuzulegen. Der Großteil qualitativ hochwertiger Produkte kommt aus Japan, den USA und Großbritannien. Aber auch Russland hat in letzter Zeit stark angezogen und trifft mit seinem Angebot auf positive Resonanz bei den Bartendern.

In unserer Bar greifen wir ausschließlich auf Arbeitsmaterialien aus Japan und den USA zurück. So verwenden wir Messer mit dem für Japan typischen einseitigen Schliff und schleifen sie fast täglich neu. Wir empfehlen, sich stabiles Arbeitswerkzeug anzuschaffen, auch wenn man zunächst mehr Geld auf den Tresen legen muss. Denn die günstigeren Varianten sind auf Dauer gesehen teurer, da sie öfter ausgetauscht werden müssen.

Die Werkzeuge des Bartenders

1 BARLÖFFEL

Verschiedene Firmen wie Cocktail Kingdom haben den Markt mit tollen Produkten aufgerollt und neue Designs herausgebracht. An der Bar sollte man verschiedene Größen parat haben und ausprobieren, mit welcher Größe man am besten klarkommt.

»Japanisches Barwerkzeug ist mein Favorit, wenn ich mir neues Arbeitsmaterial zulege. Der Preis erscheint zwar vergleichsweise hoch, doch sprechen Qualität und Langlebigkeit für sich.«

Cihan Anadologlu

2 SCHÜTTELBECHER
(SHAKER)

Den Ausschlag für die Wahl des Shakers gibt die Frage, für welche Art Cocktails er gebraucht wird. Für Rezepte mit vielen Säften, wie zum Beispiel Tiki-Drinks, empfehlen wir den Boston Shaker. Dieser besteht aus einem Glas- sowie einem Metallteil und zeichnet sich dadurch aus, dass er ein großes Volumen fasst. Das Positive an mehr Inhalt ist, dass auch Zutaten verarbeitet werden können, die sich schwer mischen lassen.
Der japanische dreiteilige Cobbler Shaker wiederum ist in der Anwendung einfach und wird oft zu Hause gebraucht. Aber auch Profis benutzen ihn für den japanischen »Hard Shake«, den zuzubereiten jahrelange Übung erfordert.
Der zweiteilige Metallshaker, auch Tin Tin Shaker genannt, eignet sich ausgezeichnet für kurze Drinks mit wenigen Zutaten, wie zum Beispiel Daiquiri oder Whiskey Sour. Hier wird schnell und hart geschüttelt, um möglichst rasch den gewünschten Effekt zu erzielen. Für einen besseren Grip und um effizienter schütteln zu können, empfehlen wir, den Shaker waagrecht zu halten.

3 RÜHRGLAS
(MIXING GLASS)

Unter den Rührgläsern ist das japanische Rührglas die beste Variante. Ein Profi-Bartender sollte sich davon zwei verschiedene Größen zulegen, um einen bis mehrere Cocktails zubereiten zu können. Auch hier gilt es, auf beste Qualität zu setzen und vor dem Kauf darauf zu achten, dass das Rührglas weder einen Sprung noch Abplatzungen von Glasteilchen an der Lippe hat. Damit die Rührgläser jederzeit die optimale Temperatur haben, stellen wir sie bis zu ihrem Einsatz in das Tiefkühlgerät.

7
1
5
2
4
3
6

4 MESSBECHER (JIGGER)

Messbecher gibt es in den verschiedensten Größen von 0,5 bis 10 cl. Der Durchschnittsbecher setzt sich aus zwei Teilen, einem größeren und einem kleineren, zusammen. Wir benutzen gern Messbecher aus dem Hause Cocktail Kingdom in den Kombigrößen 3 cl und 6 cl bzw. 2 cl und 5 cl, die in verschiedenen Farben angeboten werden. Doch weit wichtiger als das Aussehen ist die Stabilität und dass der Jigger gut in der Hand – vor allem in den Fingern – liegt.

5 BARSIEB (STRAINER)

Auch beim Shaker-Barsieb achten wir auf Qualität und bevorzugen sogenannte Hawthorne Strainer. Marktführer ist hier Wüsthof. Das doppelte Barsieb kann ein handelsübliches sein. Durch die Spirale, die bei jedem der Siebe flexibel sein sollte, kann sich der Hawthorne Strainer an jeden Shaker anpassen.

6 BARMESSER (BARKNIFE)

Hier sind japanische Messer von Vorteil, auch wenn sie viel Pflege benötigen. Dafür halten sie bei guter Behandlung lange; Ersatzklingen sind in jedem gut sortierten Fachgeschäft erhältlich. Von enormer Bedeutung ist, die richtige Technik des Schneidens und des Schleifens zu erlernen. Lassen Sie sich beraten, welches Messer für Sie geeignet ist. Fast überall sind Schnittproben möglich, nutzen Sie sie. Das gute Handling eines Messers ist genauso wichtig wie ein guter Shaker an der Bar.

Mit dieser Grundausstattung lassen sich zu Hause verschiedenste Drinks mixen: ***1.*** *Barlöffel,* ***2.*** *Cobbler Shaker,* ***3.*** *Rührglas,* ***4.*** *Messbecher,* ***5.*** *Barsieb,* ***6.*** *Barmesser,* ***7.*** *Zitruspresse*

Die Qualität der Arbeitsmaterialien und der Spirituosen, die eingekauft werden, sind mit das Wichtigste in der Hausbar. Weniger ist mehr, und zur Ausstattung gehören unbedingt Profi-Materialien.

7 ZITRUSPRESSE

Wird die Presse oft beansprucht, zahlt sich auf Dauer jeder Cent aus, den man mehr investiert. Ein schöner Effekt ist, dass bei richtiger Benutzung – abgesehen vom Saft – auch ätherische Öle in den Cocktail gelangen. Die Pressen werden in verschiedenen Größen angeboten, wir benutzen solche, die sich für Zitronen und Limetten gleichermaßen eignen. Orangen und Grapefruits pressen wir entweder mit der Hand aus oder greifen zur Zitrusmaschine.

8 EISSÄGE

In Deutschland schwer zu finden – hier aus Japan importiert. Die Eissäge hat eine spezielle Form, liegt sehr gut in der Hand und ist messerscharf. Es braucht einige Monate, um die richtige Technik zu erlernen und den Eisblock entsprechend zu präparieren.

9 SWIZZLE STICK

Wird dazu benutzt, Rum-Cocktails zu verquirlen. Dabei wird der Stab in beiden Handinnenflächen gehalten, die eine Hand nach vorn geführt, die andere Hand in die Gegenrichtung, sodass sich der Cocktail mit zerstoßenem Eis vermischt.

10 ZESTENREISSER

Zum Aroma der Cocktails tragen lange und kurze Zesten bei, die vorwiegend aus Zitrusfrüchten gerissen werden. Unter den Zestenreißern gibt es verschiedene Formen und Preisklassen – jeder sollte für sich entscheiden, mit welchem Exemplar er am besten klarkommt.

11 BARZANGE

Der Grund, weshalb Bartender überhaupt Barzangen benutzen, ist ganz einfach: Früchte, Eiswürfel oder andere Zutaten sollen nicht mit der Hand angefasst werden. Dafür reichen natürlich einfache Exemplare aus, wer es aber eine Spur besonders haben möchte, sucht alte Zangen auf dem Flohmarkt oder reist nach Argentinien, wo es die schönsten gibt.

12 DOPPELSIEB

Ein Feinsieb, das eingesetzt wird, nachdem der Drink durch ein normales Sieb abgeseiht wurde. Dieser zweite Gang ist notwendig, um kleine Eis-, Frucht- oder Gemüsestückchen zu filtern.

13 MESSBECHER

Ist unentbehrlich, wenn man die Zutaten in der richtigen Menge abmessen möchte. Ältere Bars arbeiten bevorzugt freihändig und ohne Messbecher, das sogenannte Freepouring.

14 CRUSHED ICE PUCK

Ist in den USA im Dauereinsatz. Mit schnellen Schlägen lassen sich damit in Sekundenschnelle Eiswürfel crushen. Empfehlenswert für Bars, die keine Maschine besitzen, um crushed ice herzustellen.

15 EISPICK

Eines der wichtigsten Utensilien an unserer Bar. In erster Linie dient er dazu, Eis aus dem Block herauszuschlagen und zu formen.

16 GROSSES EISMESSER/ BARMESSER

Gibt dem Eis eine klare, saubere Kante. Wir benutzen es, um einen bereits zersägten Eisblock in kleinere Portionen aufzuteilen. Die Feinheiten übernimmt dann der Eispick (siehe Seite 193).

17 BUNSENBRENNER

Ist unverzichtbar für jeden Bartender und wird dazu verwendet, verschiedene Hölzer sowie Obst und Gemüse anzubrennen oder gar zu räuchern.

ELEKTROMIXER

(BLENDER)

Ein 82-jähriger Barmann aus Sacramento meinte einmal zu mir, ich solle allen Gästen sagen, »The machine is broken«, weil alle Cocktails, die man mit der Maschine zubereite, nichts werden könnten. Doch wenn es unbedingt sein muss, sollte es entweder der Klassiker Hamilton Beach sein oder ein Mixer der Firma Bar Boss. Diese beiden Blender haben die höchste Langlebigkeit und genügend Power, um mehrere Cocktails gleichzeitig zuzubereiten.

STÖSSEL

Hier sollte aus Gründen der Nachhaltigkeit auf Plastik verzichtet werden. Der Stößel in einer Bar kann ungefähr mit dem Mörser in der Küche gleichgestellt werden – er wird dazu verwendet, Früchte, Gemüse, Kräuter und Gewürze im Shaker zu zerdrücken oder zu zerstoßen.

»Wer Präzision und Schnelligkeit auf hohem Niveau trainieren und dem Gast bestmögliche Qualität bieten will, der muss auch mit dem bestmöglichen Material arbeiten.«

Cihan Anadologlu

FLASCHENÖFFNER UND KORKENZIEHER

Hier hat jeder seinen Favoriten. Einfache Industrieartikel sind für den normalen Gebrauch vollkommen ausreichend. Wer aber auch hier in der höheren Liga mitspielen möchte, sollte die Marke Laguiole in Augenschein nehmen. Denn über einen tollen Flaschenöffner als Geschenk freut sich letztendlich doch jeder Bartender.

SCHNEIDEBRETT

Das Material Holz ist hier klar von Vorteil, auch wenn es mit wöchentlicher Pflege und Einölen verbunden ist. Falls ein ausreichendes Budget zur Verfügung steht, empfehlen wir eine Maßanfertigung für die Arbeitsstation, schließlich geht mit einem genau angepassten Schneidebrett weniger Arbeitsfläche verloren. Lassen Sie die Finger weg von Billigware aus zusammengeleimten Spanplatten. Ein gutes Schneidebrett hat seinen Preis und wird bei guter Behandlung lange halten.

SPRITZFLASCHEN

Im Angebot sind verschiedene Größen, die je nach Häufigkeit des Gebrauchs gekauft werden sollten. Ebenso eignen sie sich für Bitters und Liköre sowie für Säfte und Pürees. Am besten ist, man probiert diverse Größen aus und stimmt diese individuell auf die jeweilige Zutatenliste und Arbeitsstation ab.

MUSKATREIBE

Eine klassische Gewürzreibe reicht hier völlig aus. Mit ihr lassen sich Sternanis, Zimt, Tonkabohnen und andere Gewürze an der Bar reiben und für Cocktails verwenden.

EISSCHAUFEL

Eis sollte nie mit bloßen Händen angefasst werden. Daher kommt selbstverständlich die Eisschaufel infrage. Wir empfehlen eine glanzpolierte Schaufel, weil sich mit ihr das Eis besser verarbeiten lässt. Angeboten werden auch hier verschiedene Größen. Für den Barcounter oder für zu Hause reicht eine etwas kleinere Schaufel aus, wer eine Eismaschine bedient, sollte eine größere wählen.

Mit diesen Utensilien wird das Equipment auf Profi-Niveau erweitert. Sie ermöglichen weitere Zubereitungsarten von Drinks:
***1.** Barlöffel, **2.** Cobbler Shaker,*
***3.** Rührglas,*
***4.** Messbecher, **5.** Barsieb,*
***6.** Barmesser, **7.** Zitruspresse,*
***8.** Eissäge, **9.** Swizzle Stick,*
***10.** Zestenreißer, **11.** Barzange,*
***12.** Doppelsieb, **13.** Messbecher, ,*
***14.** Chrushed Ice Puck, **15.** Eispick,*
***16.** Eismesser, **17.** Bunsenbrenner*

9
1
12
16
11
17
4
6
14
2
15
10
7
5
8

Techniken an der Bar

Schütteln, werfen, rühren, schichten, zerstoßen usw. sind einige der Techniken, die an der Bar benutzt werden. Ich erkläre in diesem Kapitel die einzelnen Arbeitsabläufe, die man braucht, um die besten Drinks und Cocktails zuzubereiten. Nehmen Sie sich viel Zeit und lesen Sie die einzelnen Punkte gut durch, um das beste Ergebnis zu erzielen.

SCHÜTTELN/SHAKEN

Ich bevorzuge die senkrechte Variante des Cocktailshakens. Dies hat den Vorteil, dass der Shaker nicht zum Gast zeigt, besser greifbar ist und effizienter gemixt werden kann. Dabei sollten beide Hände zum Einsatz kommen und der Shaker am Boden mit dem Handinneren gegriffen werden. Damit eine stabile Haltung gewährleistet ist, empfehlen wir, die Schultern etwas anzuheben und die Beine stabil zu halten. Zur Verwendung kommen hier zweiteilige Shaker – entweder der Boston Shaker mit dem Glasteil oder der Tin Tin Shaker (beide siehe Seite 191) mit zwei Metallteilen in verschiedenen Größen. Wichtig ist, dass der Shaker immer luftdicht abgeschlossen wird, doch Vorsicht bei zu starkem Druck! Nach dem Shaken kann es enorme Kraft verlangen, den Shaker wieder zu öffnen. Entscheidend ist auch, den Shaker kräftig senkrecht von oben nach unten rotieren zu lassen, sodass das Eis im Shaker nicht auf den Boden trifft und dort zerbricht, sondern im Shaker kreist. Übung macht den Meister!

ABMESSEN/JIGGERN

Der Jigger wird zwischen Zeige- und Mittelfinger genommen und über den Shaker gehalten. Die Zutaten werden eingeschenkt, und sobald die gewünschte Menge erreicht ist, wird der Jigger umgedreht, sodass die Flüssigkeit in den Shaker fließt. Eine Hand hebt dabei die Flasche, die andere den Jigger. Bitte beachten Sie, dass das sogenannte Freepouring, also Arbeiten ohne Jigger, nur in Bars benutzt werden sollte, die einen hohen Durchlauf haben und damit »High Volume«-Bars sind.

WERFEN

Das Werfen eines Cocktails ist eine alte Methode des Bartendings, als Bartender noch nicht die heute verfügbaren Utensilien hatten. Bei richtiger Anwendung kann diese Technik sehr akrobatisch aussehen und beim Publikum und bei den Gästen einen »Wow«-Effekt erzeugen. Dies sollte zwar nicht das primäre Ziel sein, ist aber ein schöner Nebeneffekt. Zum Werfen werden zwei Metallshaker-Teile benutzt, ein großer und ein kleiner. Dazu wird der größere Teil mit dem Cocktail kurz über dem Kopf gehalten und das leere Metallteil knapp darunter. Nun wird eingeschenkt und dabei der kürzere Shaker nach unten gezogen, sodass ein Strahl entsteht. Dann wird der Cocktail, der sich im kleinen Shaker befindet, wieder in den größeren Teil geschüttet und die Szene wiederholt. Bei diesem Verfahren, das ein Mittelding zwischen Shaken und Rühren ist, sollten sechs bis sieben Durchläufe ausreichen, um die gewünschte Mischung zu erhalten. Übung macht auch hier den Meister!

> *»Präzision, Training und nochmaliges Training sind die wichtigsten Faktoren, um sich bestimmte Techniken an der Bar anzueignen. Niemand darf erwarten, dass Anfänger von heute auf morgen die Bar aus dem Effeff beherrschen und alles richtig machen.«*
>
> *Cihan Anadologlu*

SCHICHTEN

Eine Methode, die nur noch sehr selten angewendet wird, ist das Schichten. Ein paar Cocktails wie der White Russian werden noch geschichtet, indem Sahne auf den Drink kommt. Oder der fast jedem bekannte Shot B-52. Drei Zutaten werden in ein Shotglas geschichtet, wobei immer mit der schwersten Flüssigkeit begonnen wird. Zuunterst ist meist diejenige mit dem höchsten Zuckergehalt, bedeckt wird sie dann von den leichteren Zutaten. Um die Schichten voneinander abzugrenzen, wird der Barlöffelrücken benutzt: Bevor die neue Flüssigkeit in das Glas einfließt, wird

Fertig gemixt: Der Cocktail wird vorsichtig ins Glas eingegossen.

dieser über die Oberfläche des vorherigen Sirups, Likörs oder Alkohols gehalten. Hilfreich sind hier eine ruhige Hand und auch die Technik, den Glasrand miteinzubeziehen.

ZERSTOSSEN

Der in diesem Zusammenhang geläufigste Cocktail heißt wohl Caipirinha, womit der Stößel auch bei hierzulande bekannt geworden ist. Die falsche Technik kann zu Blasen an den Händen und weiteren Verletzungen führen. Vermeiden kann man dies, indem man die Früchte immer klein schneidet, bevor sie zerstoßen werden. Beeren sind einfacher zu zerstoßen und müssen nicht unbedingt zerkleinert werden. Die Druckbewegung beim Zerstoßen sollte einer Drehbewegung gleichkommen und nicht mit vollem Druck auf die Früchte oder Sonstiges erfolgen.

RÜHREN

Das Rühren ist eine Technik, die ebenso wie alle anderen erst erlernt werden muss. Dabei halten Sie das Rührglas mit zwei Fingern am Boden, mit der anderen Hand fassen Sie den Barlöffel, mit dem Sie rühren. Die Löffelseite sollte bis zum Boden des Rührglases reichen und das Eis dabei im Uhrzeigersinn gedreht werden. Es ist so lange zu rühren, bis die gewünschte Verwässerung eintritt und der Cocktail die gewünschte Temperatur erreicht hat. Meist reichen 30 Umdrehungen aus, also ca. 15 Sekunden. Cocktails mit Säften und Sirups sollten nicht gerührt werden, diese Technik kommt meist dann zum Einsatz, wenn ein kurzer Drink bestellt wird oder zubereitet werden soll.

ABSEIHEN

Ein Cocktail aus dem Shaker muss immer in das gewünschte Glas abgeseiht werden. Früher nahm man das Gegenstück des Shakers zu Hilfe, doch ein Barsieb erleichtert diese Arbeit immens und dient dazu, den Drink sauber in das Glas einzugießen. Der Hawthorne Strainer (siehe Seite 193) ist dafür das beste Arbeitsmaterial. Mit der Siebseite wird er nach unten in den Shaker gelegt und gegen den Rand gedrückt. Nun kann man geübt den Shaker mit einer Hand hochheben und den Strainer mit den Fingern halten, oder man nimmt die zweite Hand hinzu, um den Shakerboden zu fassen. Dann wird vorsichtig eingegossen und darauf geachtet, dass das Sieb am Shakerrand haftet, damit weder Eis noch andere Bestandteile mit ins Glas einfließen.

Übung macht den Meister – auf keinen Fall aufgeben, auch wenn es in den ersten Tagen nicht klappen sollte – allein für das Werfen der Cocktails habe ich eine halbe Ewigkeit gebraucht, bis ich es perfekt beherrschte.

»Wichtig ist es, die Grundtechniken gut einzuüben, um dann darauf die schwierigeren Kunstgriffe aufzubauen. Bis zu einem gewissen Grad möchte man sich vielleicht von anderen Bartendern inspirieren lassen, doch irgendwann sollte jeder seinen eigenen Stil finden und damit arbeiten.«

Cihan Anadologlu

DOPPELT ABSEIHEN

Kommen Kräuter, Gewürze, Früchte und Obst mit ins Spiel, reicht der Einsatz eines Hawthorne Strainers nicht mehr aus – hier heißt es nun doppelt abseihen. Das doppelte Strainen eignet sich auch dazu, kleine Eisstückchen zurückzuhalten, die den Trinkgenuss stören könnten. Meist genügt ein einfaches Teesieb aus dem Fachgeschäft, das ganz einfach zu handeln ist: Mit einer Hand wird das Sieb über das Cocktailglas gehalten und mit der anderen aus dem Shaker mit dem eingesetzten Hawthorne Strainer eingeschenkt. Falls der Vorgang zu lange dauert, kann man mit leichtem Klopfen auf den Rand des Teesiebs den Vorgang beschleunigen.

Ein Cocktail wird im Double-Strain-Verfahren in eine Schale gegossen.

> *Der japanische Hardshake ist eine Methode, den Cocktail zu shaken, ohne ihn zu verwässern. Das liegt am Eis, das im Shaker so bewegt wird, dass es nicht bricht, sondern nur rotiert. Diese Kunst zu beherrschen hat mich fast vier Jahre gekostet, doch sie war es wert. Erfunden hat sie Kazuo Uyeda aus der Tender Bar in Tokio.*

AUSGIESSEN

Ein Ausgießer auf jeder Flasche an der Bar ist meiner Meinung nach Pflicht und beschleunigt das Einschenken in Shaker, Gläser oder Jigger. Ebenso wird mit dieser Methode sauberer gearbeitet, und das richtige Handling kann zu akrobatischen »Moves« weitertrainiert werden, wobei dies keine primäre Rolle spielen sollte. Der Ausgießer sollte fest am Flaschenhals sitzen, damit er nicht verrutscht oder sich beim Ausschenken löst. Nun wird die Flasche mit den Fingern am Flaschenhals umfasst und senkrecht gehalten. Nach dem Einschenken führen Sie die Flasche wieder langsam in die Ausgangsrichtung zurück, sodass keine Flüssigkeit mehr ausläuft. Diese Technik kann man geübt mit einer Hand ausführen, am Anfang jedoch sind beide Hände notwendig. Der bekannte »London Cut« unter Bartendern ist eine langjährige Übungssache, dabei wird die Flasche beim Einschenken nach oben gezogen, mit leichtem Druck nach unten das Ausschenken gestoppt und die Flasche in einer Kreisbewegung weggezogen.

Service

BARADRESSEN

Deutschland

BERLIN

BAR IMMERTREU
Christburgerstraße 6,
10405 Berlin
bar-immertreu.de

BECKETTS KOPF
Pappelallee 64, 10437 Berlin
becketts-kopf.de

BUCK & BRECK
Brunnenstraße 177, 10119 Berlin
buckandbreck.com

TRUFFLE PIG BAR REIN
Reuterstraße 47, 12047 Berlin
trufflepigberlin.de

FRANKFURT

BRISTOL BAR
Ludwigstraße 15,
60327 Frankfurt a. M.
bristol-hotel.de/bar/

SEVEN SWANS & THE TINY CUP
Mainkai 4, 60311 Frankfurt a. M.
sevenswans.de/seven-swans-and-the-tiny-cup

THE KINLY BAR
Elbestraße 34,
60329 Frankfurt a. M.

THE PARLOUR
Zwingergasse 6,
60313 Frankfurt a. M.
theparlour.de

HAMBURG

BAR DACAIO IM THE GEORGE HOTEL
Barcastraße 3,
22087 Hamburg
thegeorge-hotel.de/hamburg/dacaio-bar-hamburg-alster/dacaio-bar-st-georg.php

CHRISTIANSEN'S FINE DRINKS & COCKTAILS
Pinnasberg 60,
20359 Hamburg
christiansens.de

PUZZLE BAR
HafenCity Universität,
20457 Hamburg
puzzle-bar.de/

THE CHUG CLUB
Taubenstraße 13,
20359 Hamburg
thechugclub.bar/

KÖLN

AL-SALAM
Hohenstaufenring 22, 50674 Köln
al-salam.de

LITTLE LINK
Maastrichter Straße 20,
50672 Köln
littlelink.de

SHEPHEARD
Rathenauplatz 5, 50674 Köln
shepheard.de

SPIRITS
Engelbertstraße 63, 50674 Köln
spiritsbar.de

MÜNCHEN

BAR GABANYI
Beethovenpl. 2,
80336 München,
bar-gabanyi.de/

GOLDENE BAR
Prinzregentenstraße 1,
80538 München

SCHUMANN'S BAR AM HOFGARTEN
Odeonsplatz 6–7,
80539 München
schumanns.de

ZEPHYR BAR
Baaderstraße 68,
80469 München
zephyr-bar.de

Österreich

WIEN

DINO'S AMERICAN BAR
Salzgries 19, 1010 Wien
dinos.at

LOOS BAR
Kärntner Durchgang, 1010 Wien
loosbar.at

THE SIGN
Liechtensteinstraße 104–106,
1090 Wien
thesignlounge.at

TÜR 7
Buchfeldgasse 7, 1080 Wien
tuer7.at

Schweiz

ZÜRICH

OLD CROW
Schwanengasse 4, 8001 Zürich
oldcrow.ch

KRONENHALLE
Rämistrasse 4, 8001 Zürich
kronenhalle.ch

RIVE GAUCHE IM BAUR AU LAC HOTEL
Talstrasse 1, 8001 Zürich
bauraulac.ch

WIDDER BAR
Widdergasse 6, 8001 Zürich
widderhotel.com/essen-trinken/widder-garage/

Argentinien

BUENOS AIRES

FLORERIA ATLANTICO
Arroyo 872, C1007AAB Buenos Aires
floreriaatlantico.com.ar

DOPPELGÄNGER
Av. Juan de Garay 500, Buenos Aires
doppelganger.com.ar

THE HARRISON SPEAKEASY
Malabia 1764, C1414BGQ Buenos Aires
nicky-harrison.com

VERNE CLUB
Av. Medrano 1475, Buenos Aires
vernecocktailclub.com

Australien

SYDNEY

BULLETIN PLACE
10–14 Bulletin Pl, Sydney NSW 2000
bulletinplace.com

LOBO PLANTATION
1/209 Clarence St, Sydney NSW 2000
thelobo.com.au

THE BAXTER INN
152–156 Clarence St, Sydney NSW 2000
thebaxterinn.com

THIS MUST BE THE PLACE
239 Oxford St, Darlinghurst NSW 2010
tmbtp.com.au

Frankreich

PARIS

CANDELARIA
52 Rue de Saintonge, 75003 Paris
quixotic-projects.com/venue/candelaria

DANICO
6 Rue Vivienne, 75002 Paris

LITTLE RED DOOR
60 Rue Charlot, 75003 Paris
lrdparis.com

MABEL
58 Rue d'Aboukir, 75002 Paris
mabelparis.com

Großbritannien

LONDON

BAR SWIFT
2 Old Compton St, Soho, London W1D 4TQ

BAR TERMINI
7 Old Compton St, Soho, London W1D 5JE
bar-termini.com

CONNAUGHT BAR
Connaught, Carlos Pl, London W1K 2AL
the-connaught.co.uk/mayfair-bars/connaught-bar/

THE GIBSON
44 Old St, London EC1V 9AQ
thegibsonbar.london

China

FOXGLOVE
Printing House, 2/F, 6 Duddell St, Central, Hongkong
foxglovehk.com

LOBSTER BAR AT THE ISLAND SHANGRI-LA
Island Shangri-La, HongKong, Supreme Court Road, Level 6, Pacific Place, Central, Hongkong
shangri-la.com/hongkong/islandshangrila/dining/restaurants/lobster-bar-grill/

QUINARY
56–58 Hollywood Rd, Central, Hongkong
quinary.hk

THE OLD MAN
Lower G/F, 37–39 Aberdeen Street, Soho, Central, Hong Kong, Hongkong
theoldmanhk.com/

Japan

TOKIO

BAR ORCHARD

GEN YAMAMOTO
genyamamoto.jp

TENDER BAR

STAR BAR
starbar.jp

Da alle Bars in Tokio sehr schwer zu finden sind und die Adressen auch teilweise nicht stimmen, bevorzugen wir es, hier keine Adressen anzugeben, sondern empfehlen, sich vor Ort dem Hotel-Concierge oder einer japanisch sprechenden und lesenden Person anzuvertrauen.

Tschechien

PRAG

BLACK ANGELS
Staroměstské nám. 29,
110 00 Praha 1 – Staré Město
blackangelsbar.cz

BUGSYS BAR
Pařížská 1068/10, Staré Město,
110 00 Praha 1 – Staré Město
bugsysbar.com

HEMINGWAY BAR
Karoliny Světlé 279/26,
110 00 Praha 1 – Staré Město
hemingwaybar.cz/bar-prague/

L'FLEUR BAR
V Kolkovně 920/5,
110 00 Praha 1 – Staré Město
lfleur.cz

USA

NEW YORK

EMPLOYEES ONLY
510 Hudson St, New York,
NY 10014
employeesonlynyc.com

MAISON PREMIERE
298 Bedford Ave, Brooklyn,
NY 11211
maisonpremiere.com

PDT
113 St Marks Pl, New York,
NY 10009
pdtnyc.com

THE DEAD RABBIT GROCERY AND GROG
30 Water St, New York,
NY 10004
deadrabbitnyc.com

BEZUGS-QUELLEN

Barmaterial

Die besten Arbeitsmaterialien sind auf diesen Seiten zu finden: Barwerkzeug sowie auf einigen Seiten Küchenwerkzeug. Tolles Preis-Leistungs-Verhältnis.
barfish.de
cocktailian.de
cocktailkingdom.com
intergastro.de
sokichi.vo.shopserve.jp
uberbartools.com
urbanbar.com

Spirituosen

Hier gibt es eine große Auswahl an besten Spirituosen zu den besten Preisen. Selbst seltene Spirituosen sind unter diesen Adressen oft zu finden.
bardealer.de
drinkology.de
weinquelle.com

LITERATUR-EMPFEHLUNGEN

Abou-Ganim, Tony, *The Modern Mixologist, Surrey, Chicago 2010*

Baker, Charles H., *The Gentleman's Companion*, Derrydale, New York 1939

Bar La Florida Cocktails, Lloret, Havanna 1933

Bergeron, Victor Jules, *Trader Vic's Bartender's Guide*, Doubleday, Garden City (NY) 1947

Boothby, William, *The World's Drinks and How to Mix Them, Boothby's World Drinks Co.*, San Francisco 1908/1930

Broom, Dave, *The Connoisseur's Book of Spirits & Cocktails*, Carlton Books, Italien 1998. (*Das große Buch der Spirituosen & Cocktails*, Lichtenberg, München 2000)

Bullock, Tom, *The Ideal Bartender*, Buxton & Skinner Printing & Stationery Company, St. Louis 1917

Craddock, Harry, *The Savoy Cocktail Book*, Constable & Co., London 1930

DeGroff, Dale, *The Craft of the Cocktail*, Clarkson Potter, New York 2002

Difford, Simon, *Diffordsguide to Cocktails #7*, Sauce Guides Limited, London 2008

Embury, David, *The Fine Art of Mixing Drinks*, Doubleday, Garden City (NY) 1948/1952/1958

Haigh, Ted, *Vintage Spirits and Forgotten Cocktails*, Rockport, Gloucester (MA) 2004/2009

Hess, Robert, *The Essential Bartender's Guide*, Mud Puddle Books, New York 2008

Jackson, Michael, *Whisky*, Dorling Kindersley, New York 2005. (*Whisky. Alle Marken und Destillerien der Welt*, Dorling Kindersley, London 2005)

Johnson, Harry, *Bartenders' Manual*, Eigenpublikation, New York 1882/1888/1900

Kappeler, George J., *Modern American Drinks*, The Merriam Company, New York 1895

MacElhone, Harry, *Harry's ABC of Mixing Cocktails*, Odhams Press, London 1922

Masson, Jeff und Greg Boehm, *The Big Bartender's Book*, Mud Puddle Books, New York 2009

Meier, Frank, The Artistry of Mixing Drinks, Fryam Press, Paris 1936

Miller, Anistatia und Jared Brown, *Spirituous Journey: A History of Drink, Book Two: From Publicans to Master Mixologists*, Mixellany Ltd., London 2009

Regan, Gary, *The Joy of Mixology*, Clarkson Potter, New York 2003

Schumann, Charles, *American Bar*, Abbeville Press, New York 1995. (*American Bar*, Collection Rolf Heyne, München 2001)

Schumann, Charles, *Tropical Bar Book*, Stewart, Tabori & Chang, New York 1989. (*Schumann's Tropical Barbuch. Drinks und Stories*, Collection Rolf Heyne, München 1986)

Sloppy Joe's Cocktails Manual, Eigenpublikation, Havanna 1932

Tarling, William J., *Café Royal Cocktail Book*, Pall Mall Ltd., London 1937

Thomas, Jerry, *The Bar-Tender's Guide*, Dick & Fitzgerald, New York 1876/1887

Thomas, Jerry, *How to Mix Drinks*, Dick & Fitzgerald, New York 1862

Uyeda, Kazuo, *Cocktail Techniques*, Mud Puddle Books, New York 2010

Register

F

G

H

I

J

K

L

M

Impressum

CALLWEY 1884

© 2020 Callwey GmbH
Klenzestraße 36
80469 München
buch@callwey.de
Tel.: +49 89 890 5080-0
www.callwey.de

Wir sehen uns auf Instagram:
www.instagram.com/callwey

ISBN 978-3-7667-2496-0
4. Auflage 2024

Der Autor
Cihan Anadologlu ist als renommierter Bartender und Berater der Lebensmittelindustrie international tätig. Nach Stationen u. a. in New York, London und Hongkong übernahm er die Position als Chef-Bartender in einigen der besten Bars der Welt. 2016 eröffnete er in München seine eigene Bar »CIRCLE BY CIHAN ANADOLOGLU«, die prompt unter den besten Bars gelistet wurde. Anadologlus Cocktail-Kreationen werden weltweit ausgezeichnet und u. a. bei Events wie der Oscarverleihung (2014), den GQ Awards oder bei der Bambi-Verleihung serviert.

Dank
An dieser Stelle danke ich ganz herzlich den Unternehmen, die mir geholfen haben, das Buch zu verwirklichen. Ein besonderer Dank gilt der Firma Spiegelau Onlineshop, Bayerische Glaswerke GmbH, die uns großzügig mit den schönsten Gläsern unterstützt hat.

Dieses Buch wurde in Callwey-Qualität für Sie hergestellt:
Bei der Materialauswahl und den Möglichkeiten der Buch-Veredelung überlässt das Callwey-Team nichts dem Zufall. So berücksichtigen wir die Gestaltung und Bildsprache jedes einzelnen Titels individuell. Denn dieser ganz besondere Inhalt soll nicht einfach nur schön gedruckt werden, die Buchseiten müssen sich auch gut anfühlen. Beim Inhaltspapier dieses Buches haben wir uns für ein Kunstdruckpapier entschieden – ein glänzend gestrichenes Bilderdruckpapier. Dessen Oberfläche gibt dem Inhalt den gewünschten Charakter und bringt die bekannte Callwey-Bildsprache optimal zur Geltung. Der Einband des Buches wird durch die Sonderfarbe Gold optisch zum Highlight.

Dieses Buch wurde in China gedruckt.

Viel Freude mit diesem Buch wünschen Ihnen:
Projektleitung:
Agnieszka Portenkirchner
Lektorat: Andreas Leinweber, München
Fotografie: Daniel Esswein,
www.danielesswein.com;
mit Ausnahme von Seite 7: T. Lehmann,
Seite 10: akg-images gmbh / Archivio Cameraphoto Epoche,
Seite 11: akg-images gmbh
Seite 12, 13, 22: iStock
Cover- und Porträtillustration:
Jörn Kaspuhl, Hamburg
Herstellung: Dominique Scherzer
Umschlaggestaltung: Anna Schlecker, München
Innenlayout, Satz:
Daniela Petrini, Reutte